6470

Legitimidade Ativa nas Ações Coletivas

EDITORA AFILIADA

Visite nosso *site* na Internet
www.jurua.com.br
e-mail:
editora@jurua.com.br

ISBN: 85-362-1271-3

Av. Munhoz da Rocha, 143 – Juvevê – Fone: (41) 3352-3900
Fax: 3252-1311CEP: 80.035-000 – Curitiba – Paraná – Brasil

S734	Spalding, Alessandra Mendes. Legitimidade ativa nas ações coletivas./ Alessandra Mendes Spalding./ Curitiba: Juruá, 2006. 208p. 1. Ações coletivas (Direito). I. Título.
000259	CDD 347(22.ed) CDU 347.922.6

Alessandra Mendes Spalding

Mestra em Direito Negocial, na área de Concentração em Processo Civil pela Universidade Estadual de Londrina – UEL; Especialista em Direito Civil e Processual Civil pelo Instituto Brasileiro de Estudos e Pesquisas Socioeconômicas – INBRAPE; Advogada e Professora de Direito Processual Civil nas Faculdades do Brasil – UniBrasil em Curitiba/PR.

Legitimidade Ativa nas Ações Coletivas

Curitiba
Juruá Editora
2006

DEDICATÓRIA

Dedico este trabalho às pessoas mais importantes de minha vida: meus pais, meu marido e minha filha Rafaela.

A meus pais, Lenin e Marly, pelo apoio incondicional, confiança e torcida.

Ao meu marido, Mauro, pela motivação para chegar ao fim deste livro e, principalmente, a compreensão e o carinho nos momentos de angústia e ansiedade.

E à pequena Rafaela, minha fonte de alegria diária.

AGRADECIMENTOS

Ao Prof. Dr. Orientador Luiz Fernando Belinetti, pela possibilidade de contar com os seus conhecimentos e pela confiança em mim depositada.

Ao Prof. Dr. Luiz Rodrigues Wambier, pelas inestimáveis sugestões e pelo incentivo na publicação desta obra.

A todos os professores do curso de mestrado, pois cada crédito concluído foi uma etapa vencida.

A todos os colegas do mestrado, em especial a Maria Fernanda e ao Caio, pela amizade e experiências trocadas.

A meus irmãos, Leandro e Adriana, pela torcida desde o momento da inscrição para o curso de mestrado.

PREFÁCIO

Com muita honra e satisfação, aceitei o convite que me foi feito pela Professora Alessandra Mendes Spalding, para fazer a apresentação deste seu trabalho, que trata da legitimidade ativa nas ações coletivas. Fiquei honrado, porque é um trabalho de muito fôlego, capaz de contribuir, e muito, para a sedimentação dos estudos doutrinários no campo das ações coletivas. Fiquei satisfeito, porque Alessandra é uma grande amiga, que a todos cativa com sua delicadeza, atenção e lealdade.

Professora Alessandra Mendes Spalding desempenha seu trabalho docente, na área do processo civil, de modo entusiasmado e criativo. É advogada brilhante e dedicada, capaz de pensar a respeito de cada caso que chega às suas mãos com clareza, objetividade e profundidade, traços que marcam, também, este seu magnífico trabalho acadêmico a respeito da legitimidade ativa nas ações coletivas que elegeu como seu objeto de estudo, que são a ação popular, a ação civil pública e o mandado de segurança coletivo.

Neste trabalho, fruto de aprofundados estudos que fez, quando de seu Mestrado na Universidade Estadual de Londrina, Alessandra trata, com desenvoltura e muita segurança, de temas polêmicos, difíceis, cheios de problemas.

De fato, ação popular, ação civil pública e mandado de segurança coletivo sugerem, cada um isoladamente, muitas questões de difícil trato. Veja-se, por exemplo, a questão do litisconsórcio ativo entre Ministério Público Federal e Ministério Público Esta-

dual, na ação civil pública. *Na ação popular, aborda questões como a que se refere à possibilidade, ou não, de que pessoa jurídica seja reconhecida como legitimada para sua propositura, dentre tantos outros interessantes e intrincados problemas.*

Mais do apresentar o trabalho, todavia, quero louvar a coragem de sua autora, sua lucidez no tratamento de matérias delicadas e difíceis, assim como, a relevante contribuição que dá, com esta publicação, às letras jurídicas brasileiras e, acima de tudo, aos operadores do sistema jurídico.

Luiz Rodrigues Wambier

LISTA DE ABREVIATURAS E SIGLAS

Art.	Artigo
CC	Código Civil
CLT	Consolidação das Leis do Trabalho
CF	Constituição Federal
CPC	Código de Processo Civil
CPP	Código de Processo Penal
CREA	Conselho Regional de Engenharia e Arquitetura
CRM	Conselho Regional de Medicina
CRO	Conselho Regional de Odontologia
CRV	Conselho Regional de Veterinária
Dec.	Decreto
Inc.	Inciso
n.	número
OAB	Ordem dos Advogados do Brasil
§	parágrafo

SUMÁRIO

INTRODUÇÃO 19

1 – OS DIREITOS METAINDIVIDUAIS 21
    1.1   Os direitos difusos 25
    1.2   Os direitos coletivos *stricto sensu* 27
    1.3   Os direitos individuais homogêneos 30

2 – CONCEPÇÕES DE RELAÇÃO JURÍDICA 35
    2.1   Concepção clássica ou tradicional 35
    2.2   Concepção normativista 37
    2.3   Concepção de relação jurídica mais adequada às demandas coletivas 39

3 – LEGITIMIDADE 43
    3.1   Legitimidade de parte, capacidade de ser parte, capacidade de estar em juízo e capacidade postulatória 45
    3.2   A legitimidade nas ações coletivas 52

4 – EXPERIÊNCIA ESTRANGEIRA NA DEFESA DO DIREITO COLETIVO 65
    4.1   A *class action* norte-americana 65
    4.2   A *Citizen Action* Norte-Americana 70
    4.3   A ação popular portuguesa 71

5 – DA AÇÃO POPULAR 75
    5.1   Evolução da ação popular na legislação brasileira 79

5.1.1 Ação popular penal 80
5.1.2 Ação popular civil 82
5.2 Legitimidade ativa na ação popular 84
 5.2.1 Legitimidade ativa do maior de 16 (dezesseis) anos e menor de 18 (dezoito) anos 90
 5.2.2 Legitimidade ativa do analfabeto 98
 5.2.3 Legitimidade ativa do estrangeiro 99
 5.2.4 Legitimidade ativa da Pessoa Jurídica 101

6 – A AÇÃO CIVIL PÚBLICA 107

6.1 Evolução da ação civil pública na legislação brasileira 111
6.2 Legitimidade ativa na ação civil pública 114
 6.2.1 Ministério Público 121
 6.2.2 Legitimidade ativa dos entes da Administração Pública *lato sensu* 139
 6.2.3 Legitimidade ativa da Associação 143
 6.2.4 Legitimidade ativa de outros entes: partidos políticos, sindicatos e comunidades indígenas 146

7 – O MANDADO DE SEGURANÇA COLETIVO 151

7.1 Evolução do mandado de segurança coletivo na legislação brasileira 155
7.2 Legitimidade ativa do mandado de segurança coletivo 160
 7.2.1 Legitimidade ativa dos partidos políticos 163
 7.2.2 Legitimidade ativa das organizações sindicais 170
 7.2.3 Legitimidade ativa das entidades de classes 176
 7.2.4 Legitimidade ativa das associações 178
 7.2.5 Legitimidade ativa do Ministério Público 183

CONCLUSÕES 189

REFERÊNCIAS 195

ÍNDICE ALFABÉTICO 203

LISTA DE FIGURAS

Figura 1 – Posicionamento adotado por alguns doutrinadores da classificação da legitimidade processual nas ações coletivas..........................62

Figura 2 – Posicionamento adotado nesse trabalho da classificação da legitimidade processual que se entendeu mais adequada às ações coletivas 63

INTRODUÇÃO

As ações coletivas, sem dúvida alguma, representam tema apaixonante no direito nacional e estrangeiro e, por esta razão, têm recebido nos últimos anos maior atenção dos cientistas jurídicos.

Com o objetivo de aprofundar o estudo e o debate de regras processuais que vêm sendo utilizadas nas ações coletivas, muitas vezes de maneira imprópria – uma vez que a legislação pátria processual possui uma origem marcadamente romano-germânica, com forte influência ao apego a pressupostos individualistas ligados ao poder dispositivo das partes – o presente livro, por questões metodológicas e visando concentrar os estudos em apenas um dos institutos que compõem todo o arcabouço das ações coletivas, elege como tema central a legitimidade ativa na ação popular, na ação civil pública e no mandado de segurança coletivo.

Para o desenvolvimento da análise, a presente obra está dividida em nove capítulos representando, em verdade, a sua segregação temática em quatro partes essenciais.

A primeira parte é direcionada à compreensão de premissas que se reputam de inquestionável importância para o desenvolvimento das idéias centrais do presente estudo e das conclusões posteriormente formuladas, pois, de acordo com a concepção tradicional de relação jurídica, o processo civil é visto apenas como um assunto entre duas partes, que se destina à solução de controvérsias entre essas mesmas partes a respeito de seus próprios interesses individuais. Assim sendo, alguns institutos processuais, quando utilizados para solução de interesses e direitos coletivamente tutelados, parecem ser inaplicáveis.

A segunda parte é dedicada à análise de experiências no direito estrangeiro, ainda que de forma não exaustiva, pois o estudo interdisciplinar entre as legislações e doutrinas, nacionais e estrangeiras, mostra-se imprescindível à tentativa de aprimoramento dos instrumentos já existentes.

Na terceira parte da obra são abordadas as questões centrais do presente estudo, ou seja, a legitimidade ativa em cada um dos instrumentos processuais referidos no título do trabalho – ação popular, ação civil pública e mandado de segurança coletivo – sendo analisadas suas origens históricas, a evolução em nossa legislação e, finalmente, a análise sistemática de cada ente legalmente legitimado e de outros, lembrados pela hodierna doutrina.

Na quarta e última parte procurar-se-á tecer as constatações e conclusões obtidas mediante a sistematização dos estudos realizada por meio da leitura de textos nacionais e estrangeiros, da análise das legislações anteriores e vigentes, nacionais e estrangeiras, bem como sua experimentação no meio social, obtida pela jurisprudência traçada pelos tribunais pátrios.

A partir de um estudo vertical e que se entendeu bem detalhado sobre a legitimidade ativa na ação popular, na ação civil pública e no mandado de segurança coletivo, buscando lições de como os operadores do direito enfrentaram e continuam enfrentando questões controvertidas em suas origens históricas e na experiência nacional e estrangeira, pretende-se com o presente, contribuir para a implementação de propostas tendentes a estabelecer regras específicas para a tutela coletiva de direitos. Isto desvinculando-se de conceitos e institutos individualistas que se mostram flagrantemente insuficientes para a solução das controvérsias vividas no direito atual.

A complexidade do tema exigiu uma revisão bibliográfica e pesquisa jurisprudencial, a um só tempo ampla e específica, o que foi realizado por meio de um procedimento histórico, comparativo e analítico.

1

OS DIREITOS METAINDIVIDUAIS

Antes de tratar especificamente do tema central – a legitimidade ativa na ação popular, na ação civil pública e no mandado de segurança coletivo – convém sistematizar e uniformizar conceitos que guardam relação ao tema dos direitos e interesses metaindividuais tutelados naquelas espécies de demandas judiciais e que serão utilizados no decorrer da presente exposição.

A doutrina clássica afirma que o termo *direito* somente poderia ser utilizado nos casos em que o titular do interesse juridicamente protegido fosse determinado, o que significa dizer que, para estes juristas, ao tratar de interesses coletivos o termo *direito* não seria o mais adequado.

Ao comentar a questão acerca da nomenclatura utilizada no estudo das demandas coletivas, Kazuo Watanabe cita o art. 81 da Lei 8.072/90, que instituiu o Código de Defesa do Consumidor, aduzindo que os termos 'interesses' e 'direitos' foram utilizados como sinônimos, no entanto, a partir do momento em que passam a ser amparados pelo direito, os 'interesses' assumiriam o mesmo *status* de 'direitos', desaparecendo qualquer razão prática, e mesmo teórica, para a busca de uma diferenciação ontológica entre eles[1].

---

[1] GRINOVER, A. P. *et al.* **Código brasileiro de defesa do consumidor**: comentado pelos autores do anteprojeto. 5. ed. Rio de Janeiro: Forense Universitária, 1998. p. 623.

Por outro lado, o citado autor reconhece que por muito tempo a doutrina se negou a proteger os *interesses* pertinentes à coletividade em razão da ausência de identificação de seu titular[2]. Isso explica o porquê de, no passado, os interesses relativos à defesa do meio ambiente, do consumidor, do patrimônio histórico etc., ficarem impedidos de tutela pelo Poder Judiciário.

Na realidade, para que os chamados *interesses coletivos* viessem a ser tutelados, a doutrina foi obrigada a aceitar que, além do direito subjetivo que se limita à esfera de interesse de cada indivíduo em particular, flagrante resquício do liberalismo individualista, outros interesses também poderiam ser tutelados.

E como salientado por Roberto Senise Lisboa:

De nada vale ser o interesse meramente ético ou desprovido de resguardo pelo ordenamento jurídico. Sequer o simples proveito pessoal serve como interesse jurídico. Inexistindo previsão legal, no entanto, nem por isso deixará o interesse a ser juridicamente, se as necessidades do titular forem absolutas (objetivos a serem alcançados por meio do exercício de direitos subjetivos oponíveis **erga omnes***), em razão de sua natureza*[3].

Assim, passou-se a questionar a existência de um outro interesse que não fosse o interesse simples (sem qualquer repercussão jurídica) ou o direito subjetivo (aquele juridicamente protegido). Desta discussão nasceu o chamado *interesse legítimo*.

O supracitado autor cita como exemplo de interesse legítimo o caso do contratante de transporte de cargas que não gostaria que a transportadora por ele contratada se utilizasse de caminhões que não contassem com mecanismos antipoluição, para que o seu nome não se vinculasse à emissão de gás[4].

Celso Bastos adverte que a noção de interesse legítimo não é uma construção brasileira, ao discorrer que

---

[2] *Idem. Ibidem.*
[3] LISBOA, R. S. **Contratos Difusos e Coletivos**. 2. ed. São Paulo: RT, 2000. p. 37.
[4] *Idem. Ibidem.*

Seu desenvolvimento deu-se na doutrina italiana e francesa, tendo em vista peculiaridades desses sistemas jurídicos, no que diz respeito à forma por que neles se dá a distribuição da justiça ou o exercício da jurisdição. Na Europa, de um modo geral, prevaleceu a tendência em dividir a competência jurisdicional entre órgãos do Poder Executivo e do Judiciário. Para a divisão entre estes poderes, das atribuições judicantes, fez-se necessário criar, ao lado do direito subjetivo, o conceito de interesse legítimo[5].

Rodolfo de Camargo Mancuso, um dos doutrinadores brasileiros que mais se debruçou ao estudo do assunto, ao tratar da questão, fez a seguinte análise:

[...] entre dois termos dessa equação surge o interesse legítimo. Não há, propriamente, uma diferença essencial, e sim, uma diferença em termos de intensidade quanto à proteção estatal: enquanto os direitos subjetivos beneficiam de uma proteção máxima, e os interesses simples são praticamente desconhecidos, os interesses legítimos se apresentam a meio-caminho: embora não se constituam em prerrogativas ou títulos jurídicos oponíveis **erga omnes**, *beneficiam de uma proteção limitada, ao menos no sentido de não poderem ser ignorados ou preteridos*[6].

Ao tratar do tema ora em estudo, Roberto Senise Lisboa aduz que *"O legítimo interesse não pode ser confundido com o direito subjetivo, pois a questão da legitimidade não se confunde com a essência do direito, mas com os limites de exercício do mesmo, que são ditados pela vontade geral, manifestada através da norma jurídica, para satisfação das necessidades"*[7].

Para Marcelo Paulo Maggio:

---

[5] BASTOS, C. A tutela dos interesses difusos no direito brasileiro. **Revista de Processo** n. 23, 1981, p. 37.

[6] MANCUSO, R. C. **Interesses difusos**: conceito e legitimação para agir. 3. ed. São Paulo: RT, 1994. p. 59.

[7] LISBOA, *op. cit.*, p. 37.

[...] *ao contrário de direito – expressão sinônima de situação jurídica subjetiva, reveladora de uma posição atomizada e que pode ser tutelada em termos individuais – o termo interesse é mais apropriado para referir-se às questões metaindividuais, não equiparáveis e não semelhantes a algum direito subjetivo; principalmente porque se situam em um plano distinto e diferenciado de tais direitos, à medida que contam com características, qualidades e elementos próprios, inviabilizadores de similitude de entendimento e tratamento entre essas áreas*[8].

Vale ressaltar que a Constituição Federal de 1988 acertadamente suprimiu o termo *individual* ao consagrar o direito de ação, passando a adotar a seguinte redação: "*a lei não excluirá da apreciação do Poder Judiciário lesão ou ameaça a **direito***"[9]. Foi a partir da edição da Carta Magna que indubitavelmente os defensores da tutela dos interesses metaindividuais ganharam força.

Nota-se que a concepção da teoria clássica de que a terminologia *direito* somente poderia ser utilizada nas hipóteses em que o titular do interesse juridicamente protegido pudesse ser identificado, como acima aduzido, foi perdendo espaço e sendo superada por novas idéias. Exemplo disso é o posicionamento de Pedro Lenza, a saber:

Nessa linha de desenvolvimento, resta a superação de dúvida que possa surgir em relação à 'condição legitimante' no caso dos interesses que não comportem atribuição subjetiva em termos de exclusividade, com os metaindividuais. A melhor solução será aquela que reconheça a transferência da condição legitimante do parâmetro da 'titularidade do direito' para o binômio 'relevância social do interesse/adequação do representante'[10].

Ficou esclarecido, portanto, que a adoção do termo *interesse* ou *direito* no que se refere às demandas coletivas revela opção ter-

---

[8] MAGGIO, Marcelo Paulo. **Condições da Ação – com ênfase à Ação Civil Pública para a tutela dos interesses difusos**. Curitiba: Juruá, 2005. p. 97.
[9] CF, art. 5º, XXXV.
[10] LENZA, P. **Teoria Geral da Ação Civil Pública**. São Paulo: RT, 2003. p. 47.

minológica de cada jurista, de acordo com premissas previamente utilizadas.

Assim, apesar de a preferência recair aqui sobre o termo *direito*, isso não significa dizer que no decorrer deste trabalho utiliza-se exclusivamente tal terminologia, pois, tanto o termo *direito* como o termo *interesse* poderão ser mutuamente empregados, já que, quando se refere a *interesses coletivos*, está-se referindo a *interesses coletivos juridicamente protegidos,* ainda que não se possa identificar o titular desses direitos.

Importante definir também que a terminologia *interesses/direitos coletivos* pode representar tanto sua acepção lata, abrangendo os conceitos de direitos/interesses difusos, coletivos *stricto sensu* e individuais homogêneos, como apenas sua acepção estrita, referindo-se tão-somente aos direitos coletivos *stricto sensu*. Em relação a tais institutos jurídicos, passa-se a discorrer nas linhas abaixo.

1.1 Os direitos difusos[11]

Os direitos difusos, assim como os direitos coletivos e os individuais homogêneos, como se verá adiante, são considerados direitos transindividuais, ou seja, que ultrapassam a órbita meramente individual.

Ocorre que, quanto ao direito difuso, esta transindividualidade é mais ampla e, por isso, mais fácil de ser detectada, uma vez que os interesses nesses casos não resultam de qualquer vínculo associativo entre os indivíduos. E, em razão dessa ausência de vínculo, uma vez que os sujeitos decorrem exclusivamente de uma situação de fato e não de uma relação jurídica-base, é que nos casos dos direitos difusos os sujeitos são indetermináveis.

---

[11] *CDC, art. 81, parágrafo único. I – interesses ou direitos difusos, assim entendidos, para efeitos deste Código, os transindividuais, de natureza divisível, de que sejam titulares pessoas indeterminadas e ligadas por circunstâncias de fato.*

Observe-se como se posiciona Rodolfo de Camargo Mancuso a respeito dos interesses difusos:

> *(...) a fim de que a tutela dos interesses difusos se faça eficazmente, é preciso prosseguir nessa linha evolutiva, tendente a reconhecer o interesse processual a partir da necessidade de tutela a interesses legítimos e socialmente relevantes, quando se trate de ações com finalidade metaindividual. Com isso se dispensará o penoso recurso de se tentar aproximar os interesses difusos dos direitos subjetivos, poupando-se, outrossim, as dificuldades ulteriores que soem advir das construções jurídicas que se estabelecem a partir de analogia extensiva com categorias "afins"*[12].

Hugo Nigro Mazzilli, por sua vez, conceitua interesses difusos como sendo um *"feixe ou conjunto de interesses individuais, de pessoas indetermináveis, unidas por pontos conexos"*[13].

No mesmo sentido Ada Pellegrini Grinover conceitua os interesses difusos como: "[...] *interesses comuns a uma coletividade de pessoas, que não repousam necessariamente sobre uma relação base, sobre um vínculo jurídico bem definido que as congregue*"[14].

No que se refere ao objeto dos direitos difusos, sua característica será a da indivisibilidade, uma vez que não há como dividir algo que não se consegue determinar sequer quem serão todos seus titulares.

No mesmo sentido Pedro Lenza leciona que nos interesses difusos *"a indivisibilidade é ampla e absoluta, na medida em que, como não se consegue determinar os sujeitos, não se pode falar em participação de algo que pertence a todos indistintamente, ou em outras palavras, não se pode dividir algo que pertence a pessoas indefinidas"*[15].

---

[12] MANCUSO, *op. cit.*, p. 144.
[13] MAZZILLI, H. N. **A defesa dos interesses difusos em juízo.** 13. ed. São Paulo: Saraiva, 2001. p. 47.
[14] GRINOVER, A. P. A tutela jurisdicional os interesses difusos. **Revista de Processo** n. 14, 1979. p. 26.
[15] LENZA, *op. cit.*, p. 71.

Como exemplos de violações aos direitos difusos poder-se-iam citar: i) falsificação de remédios; ii) poluição de rios; iii) destruição de patrimônio histórico; iv) poluição atmosférica; dentre outros.

Fica fácil perceber que os sujeitos afetados nos exemplos acima citados são indetermináveis e que, como já mencionado, não se faz necessária a presença de qualquer vínculo ou relação jurídica-base entre os atingidos pelos fatos ejetores do direito para que seus interesses sejam tutelados; basta apenas que haja um situação de fato comum.

1.2   Os direitos coletivos *stricto sensu*[16]

A doutrina aponta três acepções do termo interesse coletivo. São elas: i) interesse coletivo como interesse pessoal do grupo; ii) interesse coletivo como "soma" dos interesses individuais; iii) interesse coletivo como síntese de interesses individuais.

A primeira concepção não trata propriamente do instituto jurídico do *interesse coletivo,* pois o interesse do grupo nem sempre corresponde ao interesse de todos os membros do grupo. O exemplo mais trivial é o da própria pessoa jurídica, pois, apesar de amalgamar o interesse de vários indivíduos, o seu próprio interesse não se confunde com o dos demais.

Sobre o tema, Rodolfo de Camargo Mancuso aduz: *"Esse tipo de interesse não é propriamente coletivo, por isso que ele concerne primacialmente à pessoa jurídica enquanto entidade; são atos de gerência, de economia interna, e não um exercício de verdadeiros interesses coletivos"*[17].

---

[16] *CDC, art. 81, parágrafo único, II* – *interesses ou direitos coletivos, assim entendidos, para efeito deste Código, os transindividuais de natureza indivisível, de que seja titular grupo, categoria ou classe de pessoas ligadas entre si ou com a parte contrária por uma relação jurídica base.*

[17] MANCUSO, R. C. **Interesses Difusos – conceito e legitimidade para agir.** 5. ed. São Paulo: RT, 2000. p. 49.

Na segunda concepção da mesma forma não se tem em efetivo um interesse coletivo propriamente dito, pois este não pode ser entendido como simples adição de interesses individuais, uma vez que, simplesmente alterar a sua maneira de exercício, não significa que se tenha alterado também a sua essência.

No mesmo sentido o autor supracitado aduz: *"Um feixe de interesses individuais não se transforma em interesse coletivo, pelo só fato do exercício ser coletivo. A essência permanece individual"*[18].

Assim, o ajuizamento de uma ação com pluralidade de autores, ainda que em litisconsórcio multitudinário (CPC, art. 46, parágrafo único), deve reger-se pelas regras individualistas do Código de Processo Civil, eis que se trata, em verdade, de tutela individual de direitos. Tal situação não se confunde com a tutela coletiva de direitos propriamente ditos, que será dada sempre coletivamente pelas regras próprias atinentes à situação.

Finalmente, a terceira concepção é a que melhor reflete o verdadeiro conceito de interesse coletivo para fins de tutela coletiva.

Sem dúvida alguma, o interesse coletivo deve ser traduzido como uma síntese dos interesses individuais, e não mera soma deles. Pensar na coletividade é deixar de lado os interesses individuais para alcançar o bem comum a todos.

Quando se luta para conseguir um bem comum nem sempre os benefícios serão colhidos por aqueles que efetivamente lutaram, mas, sem que a luta fosse iniciada, jamais alguém teria se beneficiado.

Somente com o desenvolvimento dessa idéia é que a sociedade passou a enxergar a importância dos interesses coletivos e assim priorizá-los diante dos interesses individuais. Esse fenômeno é responsável pela existência de normas que protegem os direitos humanos, os direitos trabalhistas, o direito ambiental, dentre tantos outros.

---

[18] *Idem. Ibidem*, p 50.

Na prática, para se verificar a existência ou inexistência de um direito coletivo, deve-se seguir os critérios estabelecidos pela própria lei, no caso, pelo Código de Defesa do Consumidor.

De acordo com Alcides A. Munhoz da Cunha, são dois os critérios que devem ser analisados, a saber:

> Um dos critérios de verificação consiste na observação de que todos os co-titulares dos interesses mantêm relações jurídicas ou vínculos jurídicos formais com a parte contrária, ou seja, a parte contra a qual se dirige a pretensão ou o pedido. [...] A determinação dos sujeitos, porém, pode se dar de outra maneira, isto é, em razão de uma relação jurídica base que une os sujeitos entre si, de modo a fazer com que eles integrem grupo, classe ou categoria diferenciada de pessoas determinadas ou determináveis com interesses convergentes sobre o mesmo bem indivisível (jurídica ou faticamente), independente de manterem ou não vínculos jurídicos com a parte contrária[19].

Nota-se, portanto, que uma das características do direito coletivo *stricto sensu* é que os seus sujeitos são determinados ou determináveis, assim sendo, ainda que não se trate de um grupo ou classe de pessoas ligadas por relação jurídica-base, pode ocorrer que o vínculo jurídico se estabeleça entre todos os co-titulares do direito pretendido e a parte contrária.

Outra característica apontada para identificação do direito coletivo é a indivisibilidade de seu objeto.

É importante frisar que, diferentemente do que ocorre em sede de interesses/direitos difusos, nos quais a indivisibilidade é ampla e absoluta, nos interesses coletivos esta indivisibilidade ocorre apenas no âmbito interno.

Pedro Lenza com muita propriedade explica:

> Em relação aos interesses coletivos, a indivisibilidade dos bens é percebida no âmbito interno, dentre os membros do grupo, cate-

---

[19] CUNHA, A. A. M. Evolução das Ações Coletivas no Brasil. **Revista de Processo** n. 77, 1995. p. 229.

*goria ou classe de pessoas. Assim, o bem ou interesse coletivo não pode ser partilhado internamente entre as pessoas ligadas por uma relação jurídica-base ou por um vínculo jurídico; todavia externamente, o grupo, categoria ou classe de pessoas, ou seja, o **ente coletivo**, poderá, partir o bem, exteriorizando o interesse da coletividade*[20].

Pode-se concluir, portanto, que o ponto principal que diferencia o *direito difuso* do *direito coletivo* é a determinabilidade das pessoas titulares do direito invocado; nestes os indivíduos titulares do direito material tutelado são determinados ou determináveis, naqueles, são sempre indetermináveis.

Finalmente, para finalizar o estudo dos direitos coletivos *stricto sensu*, mister se faz trazer alguns exemplos concretos de sua incidência para que a teoria possa ser mais facilmente absorvida. Veja-se: i) contribuintes de um mesmo tributo recolhido indevidamente; ii) aumento abusivo de mensalidades escolares; iii) dano causado aos membros de uma associação de classe; iv) dano causado aos acionistas de uma mesma sociedade etc.

Nos exemplos acima apontados verifica-se que, nas duas primeiras hipóteses, o vínculo jurídico se estabelece entre os cotitulares do direito pretendido e a parte contrária, sendo que, nos dois últimos, a relação jurídica-base se origina em virtude de uma associação preestabelecida.

1.3 Os direitos individuais homogêneos[21]

De início é importante observar que pela própria designação terminológica do direito – individual homogêneo – essa espécie de interesse revela, na sua essência, um direito eminentemente individual. Ocorre que, pela sua origem fática comum, foi erigido à cate-

---

[20] LENZA, P. **Teoria Geral da Ação Civil Pública**. São Paulo: RT, 2003. p. 71.
[21] ***CDC, art. 81, parágrafo único, III** – interesses ou direitos individuais homogêneos, assim entendidos os decorrentes de origem comum.*

goria de interesses metaindividuais meramente para fins de tutela coletiva. Em suma, podem ser tutelados tanto individual como coletivamente, conforme será visto abaixo.

Diante dessa situação, a transindividualidade do direito individual homogêneo é legal ou artificial.

José Carlos de Barbosa Moreira, com maestria, já explicava, que ao tratar do tema das ações coletivas poder-se-ia distinguir duas espécies de litígios: aqueles essencialmente coletivos, referindo-se aos direitos coletivos e difusos, e outros acidentalmente coletivos, referindo-se aos direitos individuais homogêneos[22].

No que respeita aos seus sujeitos, as hipóteses de direito individual homogêneo são marcadas pela determinabilidade, ou seja, os sujeitos são perfeitamente identificados ou identificáveis, assim como nos direitos coletivos *stricto sensu*.

Quando estão sendo tutelados direitos individuais homogêneos não se verifica a presença de uma relação jurídica-base a unir os sujeitos; a união decorrerá de uma situação fática de origem comum a todos, assim como nos direitos difusos.

Desse modo, os direitos individuais homogêneos diferem dos difusos pela sua determinabilidade, ao passo que se distinguem dos direitos coletivos *stricto sensu*, pela origem fática comum, uma vez que, em relação aos direitos coletivos, essa origem comum pode decorrer de uma relação jurídica previamente estabelecida.

Quanto ao objeto a ser tutelado em se tratando de direito individual homogêneo, a doutrina não é unânime em sua classificação, pois enquanto autores de renome propugnam por sua divisibilidade, há também vozes no sentido de considerá-lo indivisível.

Pedro Lenza entende que os interesses individuais homogêneos *"caracterizam-se por sua divisibilidade plena, na medida em que, além de serem os sujeitos determinados, não existe, por*

---

[22] MOREIRA, J. C. B. Ações coletivas na Constituição Federal de 1988. **Revista de Processo** n. 61, 1991. p. 187.

regra, qualquer vínculo jurídico ou relação jurídica-base ligando-os [...]"[23]

No mesmo sentido Hugo Nigro Mazzilli, ao tratar dos interesses individuais homogêneos, aduz que "[...] *o que lhes dá a nota característica e inconfundível, é que o proveito pretendido pelos integrantes do grupo é perfeitamente divisível entre os lesados*"[24].

Ada Pellegrini Grinover, ao tratar do assunto, posiciona-se em sentido contrário. Segundo seus ensinamentos, ainda que se trate de direitos individuais homogêneos, não há que se falar em divisibilidade, a saber:

> *Nos termos do art. 95 (Lei 8.072/90), porém, a condenação será genérica: isso porque, declarada a responsabilidade civil do réu e a obrigação de indenizar, sua condenação versará sobre o ressarcimento dos danos causados e não dos prejuízos sofridos.*
>
> *Isso significa, no campo do direito processual, que, antes das liquidações e execuções individuais [...], o bem jurídico objeto de tutela ainda é tratado de forma **indivisível**, aplicando-se a toda a coletividade, de maneira uniforme, a sentença de procedência ou improcedência.* (sem grifo no original)[25]

Por outro lado, apesar da divergência, a supracitada autora concorda que, no momento da propositura das execuções individuais, ou seja, após a liquidação da sentença condenatória genérica em sede de ação coletiva cognitiva, a divisibilidade do bem jurídico tutelado é possível.

Ocorre que, se se entender dessa forma, o mesmo ocorrerá no caso dos interesses coletivos, pois, ainda que externamente, o bem poderá ser partilhado pelo grupo, categoria ou classe. O mes-

---

[23] LENZA, *op. cit.*, p. 71.
[24] MAZZILLI, H. N. **A defesa dos interesses difusos em juízo**. 13. ed. São Paulo: Saraiva, 2001. p. 52.
[25] GRINOVER, A. P. *et al.* **Código de defesa do consumidor comentado**. 7. ed. Rio de Janeiro: Forense Universitária, 1998. p. 813.

mo não ocorrerá quanto ao direito difuso, eis que a indivisibilidade é plena e absoluta, sendo impossível a sua divisão mesmo em fase executória, pois sequer se podem determinar os sujeitos titulares de direito.

Do exposto, apesar da possibilidade de, em fase executória, falar-se em divisibilidade do direito individual homogêneo, conclui-se que o objeto da ação coletiva de cognição que verse sobre tais direitos será sempre indivisível, uma vez que a condenação será genérica. Assim, não se poderá limitar a tutela coletiva de direitos individuais homogêneos a esse ou àquele indivíduo em particular, dada a indivisibilidade do objeto da demanda.

Por outro lado, o mesmo direito individual homogêneo, se for tutelado individualmente (pelas regras individualistas do CPC), será sempre divisível.

Tal distinção não permite a confusão por vezes criada pela doutrina no sentido de entender que, pela sua essência individual, o direito individual homogêneo será sempre divisível.

2

CONCEPÇÕES DE RELAÇÃO JURÍDICA

Antes de adentrar ao estudo da legitimidade nas ações coletivas, é de fundamental importância a prévia análise das concepções de relação jurídica, uma vez que, como se verá mais adiante, tal conhecimento será imprescindível para a adoção dos critérios de classificação da legitimidade.

Existem na doutrina diversas teorias para explicar a relação jurídica, no entanto, tratar-se-á apenas das duas teorias mais difundidas: a concepção clássica, ou também chamada de tradicional, e a concepção normativista.

É importante ressaltar que as teorias que serão expostas não podem simplesmente ser consideradas equivocadas, ao contrário, ambas poderão ser utilizadas diante do caso concreto, mas o que ocorrerá é que uma delas poderá ser mais adequada que a outra na seara de tutela coletiva de direitos.

2.1 Concepção clássica ou tradicional

Para se entender a concepção clássica da relação jurídica nada melhor do que estudar as definições daqueles doutrinadores que adotam esta concepção.

Para Carlos Alberto da Mota Pinto: "*Relação Jurídica em sentido restrito ou técnico é a relação da vida social disciplinada pelo Direito, mediante atribuição da vida social de um direito subjetivo e a imposição a outra pessoa de um dever jurídico ou de uma sujeição*"[26].

Como pode ser observado na análise realizada pelo supracitado autor, o seu entendimento é de que a relação jurídica nada mais é do que um vínculo entre o sujeito ativo e o sujeito passivo do direito[27].

Giorgio Del Vecchio define relação jurídica como sendo: "*o vínculo entre pessoas, em virtude do qual uma delas pode pretender qualquer coisa, a que a outra é obrigada*"[28]. E ainda acrescenta: "*qualquer relação jurídica apresenta, pelo menos, dois sujeitos: o activo – titular da faculdade ou pretensão – e o passivo, a cargo de quem fica a obrigação*"[29].

No mesmo sentido, Arnaldo de Vasconcelos entende que "*a relação jurídica só se estabelece entre pessoas [...]*"[30]. E ainda acrescenta: "*Essa vinculação entre pessoas é, pela mesma natureza do Direito, que traduz o equilíbrio – os pratos da balança o simbolizam – um relação em que as partes se igualam em condições. Ao Direito de cada um corresponde uma obrigação e vice-versa*"[31].

Para João Bosco Cavalcanti Lana, assim como para os demais autores citados, a relação jurídica se estabelece entre pessoas, a saber: "*[...] a relação jurídica exige, sempre, a presença de dois ou mais protagonistas, que se denominam sujeitos da relação*"[32].

---

[26] PINTO, C. A. M. **Teoria Geral do Direito Civil**. 3. ed. Coimbra: Coimbra, 1996. p. 167.
[27] *Idem. Ibidem.*
[28] VECCHIO, G. D. **Lições de Filosofia do Direito**. 5. ed. Coimbra: Armenio Amado, 1979. p. 443.
[29] *Idem. Ibidem.*
[30] VASCONCELOS, A. **Teoria da Norma Jurídica**. Rio de Janeiro: Forense: 1978. p. 205.
[31] *Idem. Ibidem.*
[32] LANA, J. B. C. **Elementos de Teoria Geral do Direito – Introdução ao Estudo do Direito**. 3. ed. Rio de Janeiro: Civilização Brasileira. Instituto dos Magistrados do Brasil, 1980. p. 79.

Restou evidente que o traço marcante da teoria clássica da relação jurídica é que seus defensores acreditam que esta relação se estabelece entre sujeitos, ou seja, entre um indivíduo que será titular da pretensão (sujeito ativo) e outro que deverá se sujeitar a esta pretensão (sujeito passivo).

Nota-se, portanto, que diante dessa perspectiva, a concepção ora em análise se mostra mais adequada para a tutela individual de direitos.

Sobre o tema Osvaldo Alfredo Gozaíni aduz:

> *El proceso tradicional tutela intereses privados bajo la consigna de respetar el derecho de petición de quien es el legítimo titular del derecho invocado.* [...] *Es el sistema clásico de reafirmación del derecho subjetivo que surge con ele constitucionalismo liberal de fines del siglo XVII y se consolida en los inicios del siglo XIX, con los derechos individuales*[33].

Sem sobra de dúvida, a contribuição da concepção tradicional ora analisada teve inquestionável importância no desenvolvimento do processo civil brasileiro. No entanto, com o advento da tutela coletiva de direitos, fez-se necessária uma nova abordagem das concepções apresentadas pela doutrina para tentar encontrar uma que se adaptasse melhor às peculiaridades das demandas coletivas.

2.2 Concepção normativista

A teoria normativista tem como um de seus principais formuladores Hans Kelsen. Segundo este doutrinador: *"Entre uma norma e a conduta humana que forma o seu conteúdo não pode, porém, existir qualquer relação, pois a norma forma com o seu conteúdo uma unidade incindível"*[34].

---

[33] GOZAÍNI, O. A. *et al*. **Derecho Procesal – en visperas del siglo XXI**. Buenos Aires: Ediar Sociedad Anônima, 1997. p. 224.

[34] KELSEN, H. **Teoria Pura do Direito** [Tradução João Baptista Machado]. 6. ed. São Paulo: Martins Fontes, 1998. p. 184.

Ao tentar explicar como funcionaria na prática a aplicação de sua definição de relação jurídica, Hans Kelsen apresenta a seguinte hipótese:

> [...] *um contrato de compra e venda em que a obrigação de prestar a coisa está ligada com a obrigação de prestar o preço da venda. Então a relação jurídica estabelece-se entre a norma que obriga o comprador e a norma que obriga o vendedor, ou entre o comprador e o vendedor, melhor: entre a conduta de um, prescrita pela ordem jurídica, e a conduta, também prescrita pela ordem jurídica, do outro*[35].

E. B. Pachukanis, ao tratar de relação jurídica, explica: "*A relação jurídica é como que célula central do tecido jurídico e é unicamente nela que o direito realiza o seu movimento real*"[36].

Logo em seguida o supracitado autor analisa o pensamento de Hans Kelsen e aduz: "*Por essa razão é que, logicamente, a escola normativa, liderada por Kelsen, nega completamente a relação entre sujeitos, recusando considerar o direito sob o ângulo da existência real e concentrando toda a sua atenção sobre o valor formal das normas*"[37].

Lourival Vilanova, ao analisar a concepção normativista de Kelsen, explica:

> *O que leva a teoria pura à tese de que há direitos que são meros reversos de deveres jurídicos é a consideração seguinte: a) o que resulta das **normas primárias**, nas quais se prescrevem sanções aos pressupostos de conduta antijurídica, é o dever de seguir a conduta que evita a sanção (o direito é reflexo subjetivo fundado em normas primárias): delas decorrem necessariamente deveres jurídicos; b) direitos não são decorrências necessárias, mas simplesmente possíveis no estabelecimento de normas*[38].

---

[35] Idem. Ibidem, p. 187.
[36] PACHUKANIS, E. B. **Teoria Geral do Direito e Marxismo**. São Paulo: Acadêmica, 1988. p. 47.
[37] Idem. Ibidem.
[38] VILANOVA, L. **Causalidade e Relação no Direito**. 4. ed. São Paulo: RT, 2000. p. 223.

Conforme doutrina defensora da concepção normativista, a relação jurídica não se dá entre sujeitos, mas sim entre normas ou fatos determinados pelas normas, sendo o direito subjetivo mero reflexo do cumprimento do dever jurídico.

Essa concepção, como será analisada no item a seguir, é considerada por alguns autores como mais adequada para explicar a tutela coletiva de direitos do que a concepção tradicional, comumente utilizada pela doutrina.

2.3 Concepção de relação jurídica mais adequada às demandas coletivas

As demandas coletivas reclamam a utilização de novos conceitos e concepções dos institutos processuais existentes e que vêm sendo utilizados para a tutela individual de direitos.

Ao se referir à concepção tradicional, Luiz Fernando Belinetti aduz:

> *Essa circunstância tem levado a inúmeros problemas relativamente às ações coletivas, pois parece-me que quando se trata da tutela jurisdicional coletiva, essa concepção de relação jurídica é absolutamente inadequada para enfrentar as questões existentes, o que induz, conseqüentemente, a inadequação dos institutos e conceitos processuais tradicionais para solucionar os litígios de índole coletiva*[39].

No mesmo sentido Mauro Cappelletti: "*A concepção tradicional do processo civil não deixava espaço para a proteção dos direitos difusos. O processo era visto apenas como um assunto entre duas partes, que se destinava à solução de uma controvérsia*

---

[39] BELINETTI, L. F. Ações Coletivas – Um tema a ser ainda enfrentado na reforma do processo civil brasileiro – A relação jurídica e as condições da ação nos interesses coletivos. **Revista de Processo** n. 98, 2000. p. 125.

entre essas mesmas partes a respeito de seus próprios interesses individuais"[40].

Mesmo antes do advento da atual Constituição Federal, que contemplou a proteção dos interesses coletivos de forma inquestionável, inúmeros doutrinadores já se debruçavam no estudo de uma nova concepção de processo civil hábil para proteger os direitos de natureza coletiva, como, por exemplo, Celso Bastos[41].

Ao publicar o artigo versando sobre os interesses difusos em 1981 o autor supracitado já adiantava:

> [...] *pode-se antever em futuro próximo um novo tipo de processo civil, de natureza coletiva, no qual não mais assistiremos aos clássicos dualismos autor versus réu ou indivíduo versus autoridade pública, mas sim ao alinhamento no processo de várias partes coletivas, numa multiplicidade de posições concorrentes ou conflitantes*[42].

Sem dúvida alguma, o futuro próximo ao qual o autor supracitado se referiu já chegou, razão pela qual a análise dos institutos do processo civil merece ser revista para que sejam compatíveis às demandas coletivas, cada dia mais presentes no cotidiano da sociedade.

Como demonstrado no item acima, para parte da doutrina que defende a concepção tradicional, a relação jurídica se estabelece entre sujeitos, ou seja, entre aquele que será titular da pretensão (sujeito ativo) e aquele outro que deverá se sujeitar a esta pretensão (sujeito passivo).

É o clássico dualismo entre autor e réu, citado por Celso Bastos[43], que não encontra mais guarida em se tratando da proteção aos interesses transindividuais.

---

[40] CAPPELLETTI, M. **Acesso à Justiça**. Porto Alegre: Sergio A. Fabris, 1998. p. 49.
[41] BASTOS, C. A tutela dos interesses difusos no direito brasileiro. **Revista de Processo** n. 23, 1981. p. 41.
[42] *Idem. Ibidem.*
[43] BASTOS, *op. cit.*, p. 41.

Para tentar adequar o sistema processual já existente às demandas coletivas, Luiz Fernando Belinetti, inspirado nas lições de Kelsen, entende que

> [...] *a legitimidade ativa ou passiva deriva do ordenamento e não de uma vinculação entre o sujeito (passivo) do dever jurídico e o sujeito (ativo) do poder jurídico.*[...][44] *Titulares serão aqueles que estiverem vinculados ao ordenamento jurídico, ao passo que* **legitimados** *serão aqueles que de acordo com o ordenamento possam influir na criação ou aplicação da norma (legitimidade ativa) ou que estejam sujeitos ao dever jurídico nela estabelecido. (legitimidade passiva)*[45].

Ao que tudo indica, este entendimento parece ser capaz de melhor explicar a legitimidade em sede de tutela coletiva de direitos, pois, como se verá mais adiante, os entes legitimados à propositura das ações coletivas não são os verdadeiros titulares do direito tutelado.

Apesar de já ter sido exposto, merece ser frisado que a adoção de uma concepção de relação jurídica não invalida as demais.

---

[44] BELINETTI, *op. cit.*, p. 128.
[45] BELINETTI, *op. cit.*, p. 130.

3

LEGITIMIDADE

O desenvolvimento da teoria da legitimidade deve-se principalmente aos processualistas, que passaram a enfocá-la como um ponto de conexão entre o direito material e o direito processual.

De acordo com Donaldo Armelin, o conceito de legitimidade na teoria geral do direito,

> *resulta de uma situação jurídica oriunda precipuamente da titularidade de uma relação jurídica ou de uma posição em uma situação de fato, a qual o direito reconhece efeitos jurígenos.[...] Indubitavelmente, como já se reconheceu supra, a legitimidade é de ser aferida frente ao ato que vai ser praticado, razão pela qual não pode ser considerada exclusivamente pelo prisma subjetivo, mas sim e necessariamente pelo prisma subjetivo-objetivo. A existência da qualidade para a prática do ato determinado emerge da situação jurídica ou fática na qual se insere o sujeito do ato. Disso resulta que a situação em tela é anterior ou coeva ato e está vinculada a este como seu pressuposto, ou seja, como uma exigência jurídica condicionante do seu resultado, a qual deve ser adimplida antes de sua prática*[46].

Nota-se que o conceito de Donaldo Armelin leva em consideração a vinculação entre o sujeito e o objeto, binômio este que,

---

[46] ARMELIN, D. **Legitimidade para agir do direito processual brasileiro**. São Paulo: RT, 1979. p. 11.

como já foi destacado, não representa a melhor opção a ser aplicada em sede de tutela de direitos metaindividuais.

Como é sabido, o processo civil tradicional foi criado para defesa dos direitos individuais, tendo como regra geral a concentração na mesma pessoa da figura do titular do direito material invocado e do legitimado para agir, conforme redação do art. 6º do Código de Processo Civil: *"ninguém poderá pleitear, em nome próprio, direito alheio, salvo quando autorizado por lei"*.

No entanto, com a rápida evolução da sociedade, os operadores do direito começaram a perceber a existência de outros interesses que não exclusivamente de cunho individual, mas sim interesses de todo um grupo ou comunidade, que o direito vigente não era capaz de solucionar com eficiência.

Desta sorte, os conceitos de legitimidade já enrustidos no ordenamento jurídico pátrio foram obrigados a receber novos contornos. A seguir analisam-se alguns desses conceitos na lavra de renomados processualistas.

Ao definir legitimidade, Rodrigo da Cunha Lima Freire aduz que ela é *"uma atribuição específica para agir concretamente, conferida exclusivamente pelo direito objetivo aos titulares da lide"*[47]. O autor ainda acrescenta que, em situações extremamente excepcionais e por razões diversas a lei poderá conceder a outras pessoas que não integram a relação jurídica tal legitimidade[48].

Já para Donaldo Armelin a legitimidade poderia ser entendida da seguinte forma: *"Assim, a legitimidade no processo ressuma como uma qualidade jurídica que unge aquele que consta na esfera subjetiva na situação retratada na inicial, com a peculiaridade de emergir essa qualidade da própria afirmação da situação espelhada da inicial, independentemente de real existência desta"*[49].

Nota-se, portanto, que a legitimidade, de acordo com o supracitado autor, como qualidade do sujeito, seria aferida por meio

---

[47] FREIRE, R. C. L. **Condições da Ação – enfoque sobre o interesse de agir**. 2. ed. São Paulo: RT, 2001. p. 114.
[48] *Idem. Ibidem.*
[49] ARMELIN, *op. cit.*, p. 2.

da análise superficial dos fatos narrados na petição inicial, sendo possível que, ao final da demanda, por oportunidade do julgamento de seu mérito, pudesse ser constatado que tal relação substancial inexistia.

Compartilhando do mesmo entendimento, Marcelo Navarro Ribeiro Dantas[50] aduz que a realidade processual será sempre deontológica, e não ontológica, isto é, a realidade processual encontra-se no dever ser e não no ser.

Assim sendo, a legitimidade poderia ser definida, como regra geral, como uma qualidade da qual a parte goza em decorrência de um pretenso direito do qual alega ser titular.

Como restará demonstrado no item 5.2 deste trabalho, esses conceitos de legitimidade enquadram-se no modelo individualista trazido pelo Código de Processo Civil em seu art. 6º, no entanto, inadequado para solucionar as questões atinentes aos direitos coletivos.

3.1 Legitimidade de parte, capacidade de ser parte, capacidade de estar em juízo e capacidade postulatória

Tendo em vista a eleição da legitimidade ativa como ponto central dos presentes estudos, é de mister importância que sejam desde já esclarecidas as diferenças entre os institutos processuais da legitimidade de parte, capacidade de ser parte, capacidade de estar em juízo e capacidade postulatória, freqüentemente confundidos na prática jurídica.

Os conceitos dos institutos acima mencionados são imprescindíveis para a compreensão das opções jurídicas deduzidas pelos autores citados neste trabalho e, sem dúvida, para sua posterior escolha.

Primeiramente, analisar-se-á a legitimidade de parte.

---

[50] DANTAS, M. N. R. **Mandado de Segurança Coletivo**: legitimação ativa. São Paulo: Saraiva, 2000. p. 76.

Como regra, o direito objetivo atribui legitimação aos titulares da relação jurídica hipotética de direito material afirmado em juízo pelo autor, como bem explica Arruda Alvim:

> *Será, regra geral, parte legítima ativa aquela a quem a lei atribua a titularidade do direito de ação; e, do ponto-de-vista passivo, será aquela que, em regra, sendo julgada procedente a ação, deverá ser afetada pela eficácia de sentença a ela contrária, ou se improcedente, deverá ser "absolvida" do pedido, beneficiando-se, igualmente, da eficácia da sentença, que lhe será, então favorável*[51].

Essa primeira análise da legitimidade deverá ser feita a partir dos elementos trazidos aos autos e, conforme Marcelo Navarro Ribeiro Dantas[52], decorre da afirmação do titular de uma situação jurídica, aferível conforme a lide trazida a juízo, quer seja real, quer seja virtual.

Como bem explicado por Mário Aguiar Moura:

> *Na legitimidade **ad causam**, a despeito do acolhimento da autonomia da ação em face do Direito Material a ser deduzido em juízo, ocorre o exame, ainda que em tese e provisoriamente, segundo geralmente é aceito, da possível titularidade da relação de Direito Material. Legítimo, em princípio, é esse possível titular da **res in iudicium deducta**[53].*

Em outras palavras, a presença ou ausência da legitimidade de parte deverá ser apreciada de acordo com a situação concreta trazida a juízo. Nesse sentido, não são legitimados apenas os titulares da relação jurídica de direito material, mas sim os titulares da relação jurídica afirmada em juízo; situação esta meramente hipo-

---

[51] ALVIM, A. **Manual de Direito Processual Civil**. Processo de Conhecimento. 6. ed. São Paulo: RT, 1997. v. 2. p. 27.
[52] *Idem. Ibidem.* p. 80.
[53] MOURA, M. A. Substituição Processual. **Revista de Processo** n. 47, 1987. p. 243.

tética, pois ao final da demanda o magistrado poderá aferir que as afirmações dos autos não eram verdadeiras e, em sede de cognição exauriente, concluir pela ilegitimidade da parte e, visando evitar repetição de ações futuras, julgar improcedente o pedido daquele autor em relação àquele réu.

Vale ressaltar que, excepcionalmente, o direito confere legitimidade a outras pessoas que não são titulares do direito material invocado, como ocorre, por exemplo, nas ações coletivas, conforme veremos mais adiante.

Quanto à *capacidade de ser parte*, esta deve ser compreendida como a capacidade de ser sujeito de direitos e obrigações, regulada pelo Direito Civil. Desta sorte, além das pessoas naturais (incluindo também o nascituro), as pessoas jurídicas e os entes formais (massa falida, herança jacente, espólio, condomínio etc.) têm capacidade de ser parte.

Ao explicar a capacidade de ser parte, Cândido Rangel Dinamarco nos dá a seguinte lição:

> *Capacidade de ser parte é a qualidade atribuída a todos os entes que possam tornar-se titulares das situações integradas na relação jurídica processual (faculdades, ônus, poderes, deveres e sujeição). Se a qualidade de parte consiste precisamente nessa titularidade, não é capaz de adquiri-la o ser que não possa ser titular dessas situações. Aproximadamente, a capacidade de ser parte coincide com a capacidade de adquirir direitos e obrigações da ordem civil (art. 2º). Todas as pessoas naturais ou jurídicas são capazes de ser parte, porque todas elas têm tal capacidade geral*[54].

Arruda Alvim conceitua a capacidade de ser parte como sendo "*a aptidão para ter direitos e obrigações, tal como adjudicada a um sujeito de direito (pessoas físicas e jurídicas, entes despersonalizados)*"[55].

---

[54] DINAMARCO, C. R. **Instituições de Direito Processual Civil**. São Paulo: Melhoramentos, 2001. v. II. p. 280.

[55] ALVIM, *op. cit.*, p.28.

Moacyr Amaral dos Santos[56], ao tratar da capacidade de ser parte, inicia seu pensamento com a transcrição do art. 2º do Código Civil de 1916, que dizia: *"Todo homem é capaz de direitos e obrigações na ordem civil"*.

A nova redação do art. 2º, conferida pela Lei 10.406 de 2002, alterou o dispositivo acima citado para *"Toda **pessoa** é capaz de direitos e **deveres** na ordem civil"*. (sem grifo no original)

A alteração supracitada veio em bom tempo, pois como já argumentado acima, nem só homem é dotado de capacidade para ser parte, mas também as pessoas jurídicas e alguns entes (embora desprovidas de personalidade jurídica propriamente dita).

O citado autor completa o seu raciocínio dizendo que a capacidade de ser parte é a capacidade de gozo regulada pelo direito civil, sendo toda pessoa capaz de direitos e deveres processuais, ou seja, de ser sujeito da relação processual. Ao final, ressalva ainda que também as pessoas jurídicas são dotadas de capacidade jurídica[57].

Outrossim, a capacidade de estar em juízo, também chamada de capacidade processual, pode ser entendida como a possibilidade de alguém instaurar um processo, regida pelo art. 7º do Código de Processo Civil, que possui a seguinte redação: *"Toda a pessoa que se acha no exercício dos seus direitos tem capacidade para estar em juízo"*.

É importante destacar que toda a pessoa é sujeita de direitos, mas nem todas têm capacidade para exercê-lo pessoalmente.

Nesse sentido são também os pensamentos dementos Paulo Lúcio Nogueira:

> *A legitimidade **ad causam** está ligada à **titularidade** do direito, pois toda a pessoa é sujeita de direitos, tem capacidade de ser parte, inclusive o nascituro, já que a lei põe a salvo os seus di-*

---

[56] SANTOS, M. A. **Primeiras Linhas de Direito Processual Civil – nos termos da Constituição de 1998**. 15. ed. São Paulo: Saraiva. 1992. v. 1. p. 348.
[57] *Idem. Ibidem.*

reitos desde a concepção (CC, art. 4º), mas nem toda a pessoa tem legitimidade **ad processum**, isto é, para ingressar em juízo[58].

Nota-se, portanto, que a capacidade de estar em juízo será aferida de acordo com as normas do Código Civil que definem a capacidade civil, pois conforme art. 8º do Código de Processo Civil: "*Os incapazes serão representados ou assistidos por seus pais, tutores ou curadores, na forma da lei civil*". (sem grifo no original)

Sobre o tema Mário Aguiar Moura comenta:

> *A capacidade processual toma de empréstimo e aplica os princípios de capacidade de fato contemplada no Código Civil. Todos que portam a capacidade de exercício também gozarão da capacidade processual, denominada **legitimatio ad processum**. Os incapazes do Direito material sofrerão de incapacidade processual ou **ilegitimatio ad processum***[59].

Todavia, isso não significa dizer que aquele que não disponha de capacidade para estar em juízo não poderá ter o seu direito pleiteado e tutelado pelo Poder Judiciário, pois, para tais situações, o ordenamento jurídico prevê o suprimento da incapacidade por meio dos institutos da representação e da assistência, conforme art. 8º do Código de Processo Civil acima transcrito.

Moacyr do Amaral Santos, com muita propriedade, explica: "*A capacidade jurídica não implica necessariamente a capacidade de exercício, ou de fato. O absolutamente incapaz, por exemplo, tem a primeira, mas não tem a segunda. Ele não pode exercer por si os atos da vida civil, mas deverá exercê-los por seu representante legal*"[60].

---

[58] NOGUEIRA, P. L. **Curso completo de Processo Civil**. 3. ed. São Paulo: Saraiva, 1992. p.47.
[59] MOURA, *op. cit.*, p. 246.
[60] SANTOS, *op. cit.*, p. 349.

Luiz Rodrigues Wambier esclarece a diferença entre capacidade de ser parte e capacidade de estar em juízo traçando as seguintes hipóteses:

> *Regra geral essas duas "capacidades" estão juntas: A, sujeito de direitos, com vinte e cinco anos de idade, vai a juízo, para defender afirmações de direitos que faz. Em alguns casos, todavia, as duas formas da capacidade poder estar dissociadas: A, sujeito de direitos, com 10 anos de idade, não pode, porque não tem capacidade de estar em juízo, defender suas afirmações de direito, dependendo, para tanto, da representação de quem por ele seja responsável (pai por exemplo)*[61].

Resumindo, mesmo que a pessoa tenha capacidade de ser parte, isto é, aptidão para ser sujeito de direitos e deveres, pode ocorrer que a mesma não tenha capacidade de, por si só, exercer tais direitos e deveres no processo, necessitando que seja representada ou assistida.

É importante mencionar ainda que não se pode confundir a representação processual, como instituto de integração de capacidade processual (assistência ou representação) com a representação processual, como postulação de direitos alheios em juízo em nome de seu titular. Trata-se de flagrante caso de homonímia, que acaba trazendo sérias e inacabadas confusões tanto por parte do legislador como por parte da doutrina em geral.

Como exemplo da primeira modalidade de representação processual, pode-se citar a representação da pessoa jurídica pelo seu diretor (CPC, art. 12, inc. VII), a representação do espólio pelo inventariante (CPC, art. 12, inc. V) a representação da massa falida pelo síndico (CPC, art. 12, inc. III), ou a assistência do menor púbere por seu representante legal (CPC, art. 8º). O defeito de representação processual, nessa acepção, implica a extinção do processo sem julgamento do mérito por ausência de pressuposto processual (art. 301, inc. VIII, c.c. o art. 267, inc. IV, CPC).

---

[61] WAMBIER, L. R. **Curso Avançado de Processo Civil**. 2. ed. São Paulo: RT, 1999. v. 1. p. 201.

Por sua vez, pode-se citar como exemplo de representação processual, na segunda hipótese acima ventilada, o ajuizamento de uma ação por entidade associativa legalmente autorizada na tutela dos interesses de seus associados (CF/88, art. 5°, inc. XXI), ou o ajuizamento de uma ação pelo sindicato no interesse dos seus sindicalizados (CF/88, art. 8°, inc. III).

Eduardo Arruda Alvim entende essa representação processual como uma espécie do gênero da legitimação extraordinária, o que não parece ser a melhor interpretação do tema, conforme se verá no tópico a seguir. Nessa linha de raciocínio, o sobredito autor aduz: *"Como exemplo dessa representação (espécie do gênero da legitimação extraordinária), têm-se o atuar da associação, de que cuida o art. 5°, inc. XXI, da CF/88, em benefício de seus associados. Aqui tem-se igualmente a dissociação entre aquele que atua no processo e o titular do direito da ação"*[62].

Para o presente trabalho não será relevante a apreciação da representação processual como integrante da capacidade processual; sempre que houver referência à representação processual a partir daqui, portanto, estar-se-á fazendo referência à segunda acepção acima tratada (tutela jurídica pelo representante de um direito alheio em nome alheio).

Finalmente, tratar-se-á do instituto da capacidade postulatória.

De acordo com o ordenamento jurídico brasileiro (CPC, art. 36)[63], ainda que o sujeito tenha capacidade de ser parte e capacidade de estar em juízo, a postulação de seu direito somente poderá ser realizada por intermédio de um advogado.

Cândido Rangel Dinamarco, ao justificar a opção legislativa da necessidade de advogado para postulação de um direito, cita duas razões: a primeira, seria a conveniência técnica, pois a defesa ficaria confiada à pessoa com capacitação profissional adequada; a

---

[62] ALVIM, E. A. **Curso de Direito Processual Civil**. São Paulo: RT, 1998. v. 1. p. 179.

[63] *Art. 36. A parte será representada em juízo por advogado legalmente habilitado. Ser-lhe-á lícito, no entanto, postular em causa própria, quando tiver habilitação legal ou, não o tendo, no caso de falta de advogado no lugar ou recusa ou impedimento dos que houver.*

segunda, refere-se ao que denominou de "*conveniência psíquica*", pois ficando a defesa do direito conferida à pessoa que não é o próprio titular dos interesses em conflito, evitar-se-ia o envolvimento passional[64].

Ainda sobre o tema, Aluisio Gonçalves de Castro Mendes aduz:

> A **legitimatio ad causam** não se confunde com a capacidade para ser parte, com a capacidade processual e com a capacidade postulatória, figuras estas pertinentes aos pressupostos processuais. Assim sendo, a aferição da legitimidade pressupõe a prévia constatação da chamada tríplice capacidade, ou seja, que a parte se encontre, na qualidade de autora, ré ou interveniente e de pessoa natural, jurídica ou judiciária, no exercício dos seus direitos ou devidamente representada ou assistida, bem como munida de advogado ou possua o **ius postulandi**[65].

Em suma, o nosso ordenamento jurídico exige uma tríplice capacidade para que o processo possa validamente ser instaurado e prosseguir: i) capacidade de ser parte (personalidade jurídica), ii) capacidade de estar em juízo (capacidade de exercício de direitos) e iii) capacidade postulatória (habilitação profissional para postulação dos direitos).

Diante do exposto, restou esclarecido que a legitimidade de parte, a capacidade de ser parte, a capacidade de estar em juízo e capacidade postulatória não se confundem.

3.2 A legitimidade nas ações coletivas

É inegável que o instituto jurídico da legitimidade passou a ser estudado sob outra ótica, diversa da que até então vinha sendo

---

[64] DINAMARCO, *op. cit.*, p. 285.
[65] MENDES. A. G. C. **Ações Coletivas no direito comparado e nacional**. São Paulo: RT, 2002. p. 239.

analisada pela doutrina antes do advento e alargamento das ações coletivas no direito pátrio.

A primeira tentativa explícita de se tutelar civilmente os interesses coletivos no Brasil ocorreu com a instituição da ação popular, primeiramente na Constituição de 1934, mais tarde regulamentada pela Lei 4.717/65.

Em seguida, pode-se citar a Lei 6.938/81, que traçou a Política Nacional do Meio Ambiente e que concedeu ao Ministério Público da União e dos Estados poderes para propor ação de responsabilidade civil por danos causados ao meio ambiente. Sem dúvida, essa lei representou um enorme avanço em sede de tutela coletiva de direitos, ao ter propiciado o ajuizamento de ação de reparação de danos transfronteiriços independentemente da existência de dano a um particular.

A supracitada lei, portanto, inovou no sentido de romper o princípio tradicional da obrigatória coincidência entre os sujeitos da relação jurídica material e os sujeitos da relação jurídica processual.

Kazuo Watanabe, em estudo realizado antes do advento da lei que instituiu e regulamentou a ação civil pública (Lei 7.347/85), já esboçava o seu descontentamento com a impossibilidade de se pleitear perante o Poder Judiciário a proteção dos interesses coletivos. Sugeriu, naquela oportunidade, uma interpretação mais elástica ao art. 6º do Código de Processo Civil a fim de permitir, às associações e a outros entes eventualmente criados, o ajuizamento de ações em benefícios da sociedade[66]. A saber:

> *Em que pese a essa douta ilação, ouso apresentar à crítica de todos os estudiosos da matéria uma conclusão mais otimista. Parece-me que é possível interpretar-se o art. 6º do Código de Processo Civil com maior abertura e largueza, extraindo de seu texto a legitimação ordinária das associações e outros corpos intermediários, que sejam criados para a defesa de interesses difusos*[67].

---

[66] WATANABE, K. A tutela jurisdicional dos interesses difusos: A legitimação para agir. **Revista de Processo** n. 34, 1984. p. 200.
[67] Idem. Ibidem.

Para chegar a esta conclusão, Kazuo Watanabe fundamentou-se na liberdade à associação e no estímulo à sua criação, ambos consagrados pelo texto constitucional[68].

Nota-se que o autor supracitado naquela época classificava esta modalidade de legitimação em ordinária, pois propunha uma interpretação mais larga do art. 6° do Código de Processo Civil e mais sensível às necessidades práticas de acesso à justiça para a defesa da sociedade de massa[69].

Posteriormente, a Lei 7.347/85, que disciplinou a ação civil pública, inseriu ao nosso ordenamento jurídico como entes legitimados à propositura de ações em defesa dos interesses coletivos: i) o Ministério Público; ii) União, Estados e Municípios; iii) Autarquias, Empresas Públicas, Fundações e Sociedades de Economia Mista; iv) Associações.

A Lei da Ação Civil Pública foi mais tarde complementada com o advento da Lei 8.072/90, que instituiu o Código de Defesa do Consumidor e ampliou o leque dos legitimados ativos ao incluir dentre eles as entidades e órgãos da administração pública, direta ou indireta, ainda que sem personalidade jurídica.

Finalmente, a Constituição Federal de 1988 criou a figura do mandado de segurança coletivo outorgando legitimidade para a sua propositura ao: i) partido político com representação no Congresso Nacional; ii) organização sindical; iii) entidade de classe ou associação legalmente constituída e em funcionamento há pelo menos um ano, em defesa dos interesses de seus membros ou associados.

Para adentrar na seara da legitimidade ativa na ação popular, na ação civil pública e mandado de segurança coletivo, portanto, mister se faz traçar algumas premissas, sem as quais não se torna possível analisar o instituto jurídico em comento, nem mesmo classificá-lo nas demandas coletivas, o que consiste no objetivo primordial deste tópico do livro.

---

[68] *Idem. Ibidem.* Segundo o autor: *"se a Constituição recomenda a solidariedade e estimula a organização de associações, não o faz, por certo, apenas retoricamente e para fins recreativos, mas sim com reais propósitos promocionais para realização do bem-estar da coletividade".*

[69] *Idem. Ibidem,* p. 200.

Inicialmente, deve-se adotar como pressuposto para o deslinde da matéria a existência de dois sistemas processuais inconfundíveis e autônomos para se tutelar direitos: i) a tutela individual de direitos e ii) a tutela coletiva de direitos.

À primeira vista, tal afirmação parece não trazer maiores celeumas, mas é exatamente em virtude dela que surgem as principais divergências quanto à classificação da legitimidade nas ações coletivas, principalmente entre *ordinária* e *extraordinária*.

Outra premissa que deve ser aqui observada é a flagrante diferença existente entre tutela coletiva de direitos e tutela de direitos coletivos. Deve-se ater sempre se o adjetivo 'coletivo' está se referindo à natureza do direito tutelado ou ao modo como está sendo tutelado o direito.

Nesse sentido, conclui-se que a tutela coletiva de direitos não necessariamente recairá sempre sobre um direito coletivo (*stricto sensu*), podendo recair, também, sobre um direito difuso ou individual (homogêneo). Assim, quando se faz referência à tutela coletiva de direitos, deve-se ter em mente que está sendo tutelado um direito metaindividual, seja ele difuso, coletivo *stricto sensu* ou individual homogêneo. Por outro lado, a referência à tutela individual de direitos, inevitavelmente, recai sobre direitos individuais.

Como mencionado por Teori Albino Zavascki, não se pode confundir defesa de direitos coletivos com defesa coletiva de direitos individuais, pois, segundo o autor,

> *"Coletivo", na expressão "direito coletivo", é qualificativo de "direito" e por certo nada tem a ver com os meios de tutela. Já quando se fala em "defesa coletiva" o que se está qualificando é o modo de tutelar o direito, o instrumento de sua defesa. Identificar os instrumentos próprios para defesa de cada uma dessas categorias de direitos e estabelecer os limites que o legislador impôs à sua utilização, eis portanto o objeto primordial deste estudo*[70].

---

[70] ZAVASCKI, T. A. Defesa de Direitos Coletivos e Defesa Coletiva de Direitos. **Revista Jurídica** n. 212, 1995. p. 20.

Encontra-se aí a primeira das relevantes diferenças existentes entre os dois sistemas autônomos de tutela de direitos acima mencionados: no sistema de tutela individual, os direitos tutelados serão sempre individuais; no sistema de tutela coletiva, os direitos tutelados poderão ser coletivos, difusos ou individuais homogêneos.

Outra diferença que merece ser enfatizada entre os dois sistemas é com relação às normas processuais aplicadas em cada um deles. Em se tratando de tutela individual de direitos, aplicam-se sem maiores problemas as regras processuais preconizadas no Código de Processo Civil relativamente à legitimidade (via de regra, ordinária – CPC, art. 6º) e aos limites subjetivos da coisa julgada material (só atinge às partes da relação processual – CPC, art. 472). Tais regras demonstram seu caráter individualista, já que sua incidência e aplicação dependem da identificação do titular do direito material tutelado, o que nem sempre ocorrerá em se tratando de tutela coletiva de direitos.

É por este motivo, portanto, que as regras processuais relativas à legitimidade e à coisa julgada no sistema da tutela coletiva de direitos não se amolda àquelas previstas no diploma processual civil acima citado, tendo sido necessário traçar distinções de modo que a legitimidade não fosse fixada de acordo com a titularidade do direito material, mas sim, de acordo com a natureza transindividual do direito tutelado e com a adequação de seu representante em juízo, fixada no direito interno por critério *ope legis*.

Por tais motivos, as regras do Código de Processo Civil são insuficientes e ineficientes para tal mister, haja vista o seu caráter eminentemente individualista.

Nesse sentido, revela-se flagrantemente inadequada qualquer pretensão jurídica no sentido de aplicar-se às ações coletivas a regra básica da legitimação ordinária prevista no Código de Processo Civil, segundo a qual *"ninguém pode postular, em nome próprio, direito alheio"* (art. 6º).

Aqui concentra-se o foco principal deste estudo: a legitimidade ativa nas ações coletivas, analisada neste trabalho especificamente em relação à ação popular, à ação civil pública e ao mandado de segurança coletivo.

Nesse momento, torna-se imperioso valer-se da classificação adotada pela doutrina acerca da legitimidade e, partindo dela, verificar em quais classes encontra-se inserida a legitimidade nas ações coletivas.

Segundo Roque Antônio Carrazza:

> As *classificações objetivam acentuar as semelhanças e dessemelhanças entre diversos seres, de modo a facilitar a compreensão do assunto que estiver sendo examinado.* [...] *Retomando o fio do raciocínio, classificar é distribuir objetos em classes ou grupos, segundo critério predeterminados. Podemos, é bem de ver, classificar as coisas de inúmeras maneiras*[71].

Nessa linha de raciocínio pode-se classificar a legitimidade de acordo com vários critérios.

A classificação comumente adotada pela doutrina compreende duas espécies de legitimidade, a *ordinária* e a *extraordinária*.

Tal classificação elegeu como critério predeterminado a titularidade do direito tutelado, ou seja, quando o legitimado postula em juízo direito próprio em nome próprio, esta-se-á diante da legitimidade ordinária; quando postula direito alheio em nome próprio, esta-se-á diante da legitimidade extraordinária.

Ocorre que, enquanto no sistema da tutela individual de direitos a legitimidade guarda relação estrita com a titularidade do direito material, quando se está diante das ações coletivas, como visto anteriormente, nem sempre será possível identificar o titular do direito *sub judice*, o que acaba implicando uma ruptura no conceito até então trazido pela doutrina quanto à classificação da legitimidade em ordinária e extraordinária.

Assim, não parece ser possível adotar uma classificação que tem como elemento diferenciador a titularidade do direito tutelado num sistema em que tal titularidade não é sempre aferível, como é o caso das demandas coletivas.

---

[71] CARRAZZA, R. A. **Curso de Direito Constitucional Tributário**. São Paulo: Malheiros, 1998. p. 320-321.

A única possibilidade de aplicação daquela classificação para as demandas coletivas seria, valendo-se dos mesmos termos – ordinária e extraordinária – desvincular o método classificatório da titularidade do direito e adotar, por exemplo, o termo *legitimidade ordinária* para aquela mais comumente utilizada, a regra geral do sistema sob enfoque, a ordinariamente vivenciada na proteação dos direitos e *legitimidade extraordinária* para os casos excepcionais, não comuns, extraordinários no sistema processual analisado.

Perceba-se que, ainda que seja esse o elemento diferenciador, no sistema de tutela individual de direitos a classificação seria válida, pois a legitimidade ordinária (tutelar direito próprio em nome próprio) é a regra comumente utilizada no Código de Processo Civil, ao passo que a legitimidade extraordinária (tutelar direito alheio em nome próprio) é flagrantemente excepcional, tanto é que pressupõe expressa autorização legal (CPC, art. 6º).

Por sua vez, a legitimidade nas ações coletivas foi atribuída em lei para determinadas pessoas eleitas pelo legislador como representantes adequados dos direitos tutelados, sendo que tais pessoas não são as verdadeiras titulares de seus direitos.

Assim, nas demandas coletivas, se a regra geral é a de que o legitimado não é o titular do direito pleiteado, deve-se, portanto, ser a legitimidade classificada como ordinária (comum, mais usual). Ocorre que, mais do que uma simples "regra geral", trata-se, em verdade, de uma "regra única", eis que não comporta exceções, o que deixaria vazia a classificação pela ausência de uma legitimidade extraordinária na tutela coletiva de direitos.

Por tais motivos, parece que a denominação da legitimidade em *autônoma* mostra-se mais adequada para a presente situação.

Diante desse contexto, vê-se que a doutrina não é pacífica a respeito da natureza da legitimidade das pessoas autorizadas em lei a proporem as ações coletivas.

Segundo Thereza Alvim,

> *O membro do Ministério Público (e outros legitimados) atua por força de lei e de suas funções, mas além disso a legitimação lhe é*

própria, eis que a lide não diz respeito à somatória dos direitos individuais, mas aos direitos difusos, coletivos propriamente ditos e individuais homogêneos, pelo que se denomina essa legitimação de autônoma[72].

Ao tratar do tema, Luiz Fernando Belinetti também opta pela classificação da legitimidade em sede de interesses coletivos como autônoma, uma vez que a indicação dos legitimados decorre da própria norma jurídica, não havendo qualquer vinculação aos titulares dos direitos[73].

Nelson Nery Junior, ao se referir ao tema ora em debate, esclarece:

> *Parcela da doutrina ainda insiste em explicar o fenômeno da tutela jurisdicional dos interesses e direitos difusos pelos esquemas ortodoxos do processo civil. Tenta-se justificar a legitimação do Ministério Público, por exemplo, como extraordinária, identificando-a com o fenômeno da substituição processual. Na verdade o problema não deve ser entendido segundo as regras da legitimação para a causa com as inconvenientes vinculações com a titularidade do direito material invocado em juízo, mas sim à luz do que na Alemanha se denomina de legitimação autônoma para a condução do processo (**selbständige ProzeBführungsbefugnis**), instituto destinado a fazer valer em juízo os direitos difusos, sem que se tenha de recorrer aos mecanismos de direito material para explicar referida legitimação*[74].

Marcelo Navarro Ribeiro Dantas[75] diferencia os titulares de direito difusos e de direitos coletivos dos titulares de direitos indi-

---

[72] ALVIM, T. **O direito processual de estar em juízo**. São Paulo: RT, 1986. p. 84.

[73] BELINETTI, L. F. Ações Coletivas – Um tema a ser ainda enfrentado na reforma do processo civil brasileiro – A relação jurídica e as condições da ação nos interesses coletivos. **Revista de Processo** n. 98, 2000. p. 130.

[74] NERY JUNIOR, N. **Princípios do Processo Civil na Constituição Federal**. 6. ed. São Paulo: RT, 2000. p. 116.

[75] DANTAS, *op. cit.*, p. 119.

viduais homogêneos, sob o fundamento de que os primeiros precisariam de alguém que os representassem em Juízo, enquanto os segundos – titulares de direitos individuais homogêneos – não necessitariam obrigatoriamente dessa representação.

Assim explica o autor supracitado:

> *Só haverá legitimação extraordinária nos casos de exercício coletivo de direitos individuais homogêneos de origem comum, porque aí a entidade que vier a defendê-los em juízo não estará representando os verdadeiros titulares, que, como pessoas físicas, não carecem de representação, ou se pessoas jurídicas, já têm quem as presente. Estará realmente substituindo-os processualmente pela via de legitimação extraordinária. Por outro lado, é possível admitir que uma entidade que defende em juízo um direito coletivo ou difuso faça-o revestida de legitimidade ordinária, não porque seja a verdadeira titular desse direito, que é o do grupo social, determinando ou não, que subjaz à espécie, mas porque o representa*[76].

Já o professor Mazzilli entende que tanto as ações que versem sobre direitos difusos, direitos coletivos e mesmo as que versem sobre direitos individuais homogêneos, tratam de legitimidade extraordinária, a saber:

> *[...] identificamos na ação civil pública ou coletiva a predominância do fenômeno da legitimação extraordinária ou da substituição processual, o que não ocorre nas hipóteses em que o titular da pretensão aja apenas na defesa do próprio interesse. Na ação civil pública ou coletiva, embora em nome próprio, os legitimados ativos, ainda que ajam de forma autônoma e, às vezes, também defendam interesses próprios, na verdade estão a defender em juízo mais que meros interesses próprios: zelam também por interesses transindividuais, de todo o grupo, classe ou categoria de pessoas, os quais não estariam legitimados a defender a não ser por expressa autorização legal. Daí porque esse fenôme-*

---

[76] DANTAS, *op. cit.*, p. 119.

no configura preponderantemente a legitimação extraordinária, ainda que, em parte, alguns legitimados ativos possam, na ação civil pública ou coletiva, também estar a defender interesse próprio[77].

E este também é o posicionamento de Pedro Dinamarco:

parece mais adequado dizer que se trata de legitimidade extraordinária ou substituição processual. Afinal ninguém nega que o interesse em jogo não seja do próprio autor da demanda coletiva. O interesse poderá pertencer a pessoas determinadas ou indetermináveis, mas sempre pertencerá a terceiros que não fazem parte da relação processual. E é isso que importa para caracterizar a legitimidade como extraordinária, pois alguém será substituto processual sempre que a lei autorizar essa pessoa a ajuizar uma demanda em nome próprio para defender direito alheio, conforme previsão genérica do art. 6º do Código de Processo Civil[78].

Ao que parece, a polêmica gerada na doutrina em relação à classificação da legitimidade em sede de ações coletivas advém da adoção de premissas distintas pelos juristas.

Vê-se claramente que aqueles que cindem a legitimidade nas ações coletivas em extraordinária, quando o direito tutelado for individual homogêneo, e ordinária (ou autônoma) quando se tratar de direitos difusos ou coletivos, acaba misturando os dois sistemas de tutela de direitos que, conforme fundamento acima, são inconfundíveis e autônomos.

A figura a seguir deixa clara a posição dessa parte da doutrina:

---

[77] MAZZILLI, H. N. **A defesa dos interesses difusos em juízo**. 13. ed. São Paulo: Saraiva, 2001. p. 58.

[78] DINAMARCO, P. **Ação Civil Pública**. São Paulo: Saraiva, 2001. p. 204.

[Figura 1: diagrama de Venn com TUTELA COLETIVA (direitos coletivos, direitos difusos) e TUTELA INDIVIDUAL, com interseção de direitos individuais heterogêneos, e seta apontando para direitos individuais homogêneos.]

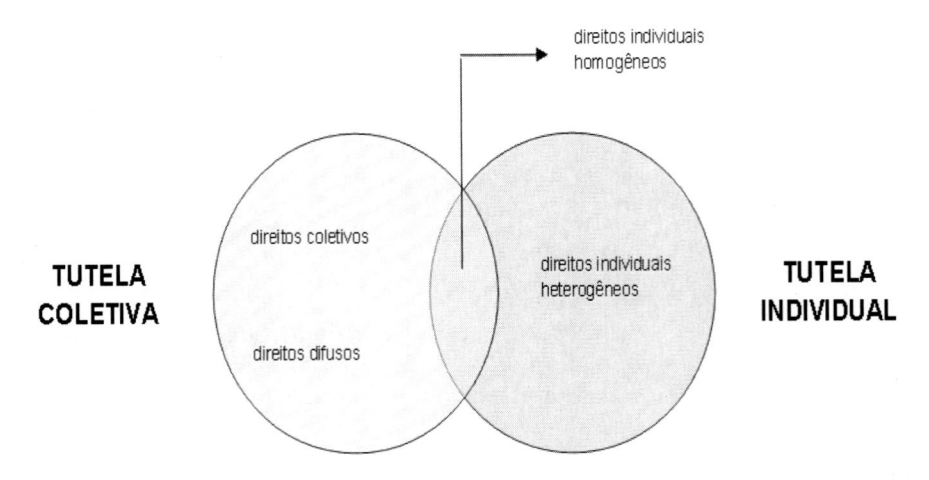

Figura 1.

Na figura exposta, percebe-se a evidente interferência de um sistema no outro. Com isso, não parece representar a melhor solução.

Assim sendo, classificar a legitimidade em extraordinária para os casos em que a tutela coletiva recaia sobre direitos individuais homogêneos é pretender aplicar no sistema da tutela coletiva o critério de classificação (atrelado à titularidade do direito material) inerente ao sistema de tutela individual de direitos.

O ente legalmente legitimado a tutelar direito difuso, coletivo ou individual homogêneo não o faz a partir de uma legitimação extraordinária; assim o faria, caso estivesse analisando a situação exclusivamente sob o enfoque individualista da legitimidade (ordinária quando se tutela direito próprio em nome próprio e extraordinária quando se tutela direito alheio em nome próprio).

A figura capaz de refletir o posicionamento que se entende mais adequado é a seguinte:

TUTELA COLETIVA
- direitos coletivos
- direitos individuais homogêneos
- direitos difusos

TUTELA INDIVIDUAL
- direitos individuais
  - homogêneos
  - heterogêneos

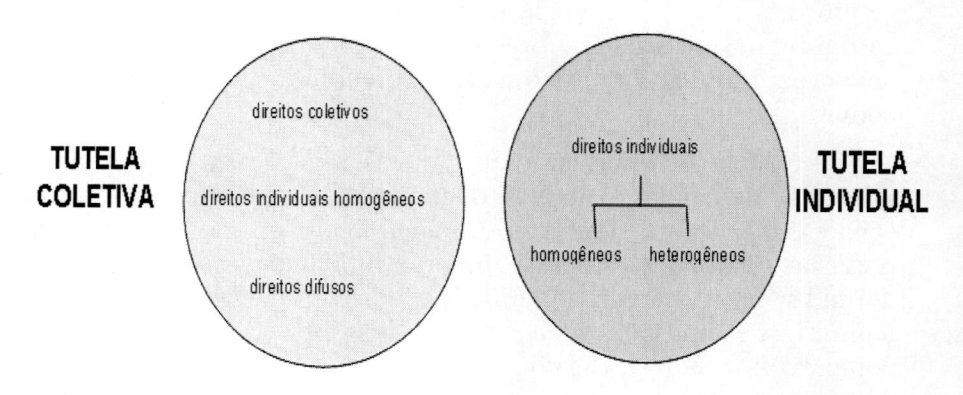

Figura 2.

Vê-se clara a diferença entres as figuras 1 e 2. Perceba-se que os sistemas para se tutelar direitos de forma coletiva ou individual não se confundem, apesar da possibilidade de os direitos individuais homogêneos serem tutelados tanto coletivamente como individualmente.

No esquema acima traçado, tem-se que a legitimidade ativa nas demandas coletivas será sempre autônoma, por estar desatrelada do binômio titularidade *versus* legitimidade, ao passo que a legitimidade ativa nas demandas individuais poderá ser ordinária ou extraordinária.

O entendimento acima sintoniza-se com parte da doutrina que compreende que a adoção da classificação em ordinária *versus* extraordinária poderia levar o intérprete a incorrer em erros, pois as regras tradicionais de processo civil são flagrantemente individualistas, não sendo capazes de solucionar os problemas oriundos da defesa dos interesses coletivos, conforme repetidamente se disse alhures.

Com efeito, quando se está diante de legislação que trata dos interesses metaindividuais, tem-se que criar um novo regramento, um novo sistema de regras processuais, sendo que neste caso a regra será a de que o legitimado a propor ação coletiva não deverá ser o titular do direito material ofendido. Esta será a regra, o comum, o ordinário.

Conclui-se, portanto, que a classificação da legitimidade ativa nas demandas coletivas dependerá do referencial que está sendo utilizado: se forem as regras tradicionais de legitimidade previstas no diploma processual pátrio, nitidamente individualista e definidas em função da titularidade do direito matéria *sub judice*, a legitimidade em sede de ações coletivas deverá ser classificada como *extraordinária*; todavia, se se entender que as ações coletivas prevêem um sistema próprio para a tutela dos interesses metaindividuais, aí a legitimação deverá ser classificada como *ordinária* ou *autônoma*.

4

EXPERIÊNCIA ESTRANGEIRA NA DEFESA DO DIREITO COLETIVO

A partir de agora será realizada a análise, ainda que de forma não exaustiva, de algumas experiências estrangeiras na defesa dos direitos coletivos.

O estudo interdisciplinar entre as legislações e doutrinas nacionais e as estrangeiras será utilizado neste capítulo como instrumento de aprimoramento do sistema de tutela coletiva de direitos.

4.1 A *class action* norte-americana

Nos últimos anos o instrumento da *class action* norte-americana tem recebido a atenção cada vez maior dos operadores do direito nos Estados Unidos e no mundo todo.

O motivo para tal importância advém da repercussão das decisões proferidas nessa modalidade de ação uma vez que geralmente envolvem grandes corporações e assuntos que interessam a todo o globo, como, por exemplo, acidentes de aviões, implantes de silicone, fraudes de seguradoras, casos de discriminação etc.

Não há dúvida de que, na atual fase em que o mundo se encontra diante da globalização, não parece nada difícil que um brasileiro também possa ser uma das vítimas nos inúmeros casos de demandas coletivas em curso nas cortes americanas.

Ademais, o Brasil vem desenvolvendo cada vez mais a sua legislação responsável pela proteção dos interesses difusos e coletivos, motivo pelo qual o estudo e a análise das experiências estrangeiras sempre poderão auxiliar os legisladores e julgadores para melhor adequar e aplicar as regras do sistema legal vigente.

A título de curiosidade, consigna-se que a doutrina americana não é unânime em erigir o instituto da *class action* como um valioso instrumento para a defesa dos interesses coletivos. Enquanto alguns clamam por sua utilização com maior freqüência, uma vez que somente assim poder-se-ia realmente alcançar mudanças sociais por meio da proteção àquelas lesões de pouca expressão econômica, outros reclamam que o instituto da *class action* não tem feito nada além de levar empresas à falência, enriquecer advogados e tumultuar os tribunais[79].

Sálvio de Figueiredo Teixeira, ao tratar do tema, define *class action* como *"o remédio através do qual uma ou mais pessoas, devidamente representadas por um advogado, iniciam ou mantêm uma ação em nome de um grupo de pessoas, de uma classe, para obter a solução de um conflito coletivo de interesse"*[80].

Ao se referir ao instituto ora em análise, o jurista americano Robert H. Klonoff justifica a existência da *class action* na possibilidade de uma grande quantidade de membros de uma mesma classe ou ligados a outros fatores poder ajuizar ação conjuntamente ao invés de cada membro fazê-lo individualmente, o que, segundo o autor, não seria nem prático nem realista[81].

---

[79] KLONOFF, R. H. **Class Action and Other Multi-Party Litigation**. St. Paul: West Group, 1999. p. 1. Nesse sentido Robert H. Klonoff: *"On the one side are those who claim that class actions should be used with greater frequency – to affect major social change and provide recourse for those who otherwise would find it economically infeasible to litigate their grievances. On the other side are those who claim that class actions have done nothing but enforce corporations into bankruptcy, enrich attorneys, and clog the courts"*.

[80] TEIXEIRA, S. F. Considerações sobre o direito norte-americano. **Revista de Processo** n. 16, 1979. p.121.

[81] KLONOFF, R. H. *Ibidem*, p. 6: *"Indeed, the reason a class action exists is that, because of the number of class members and other factors, it is not practical or realistic to join all of the class members and try the claim individually"*.

No que se refere à legislação, a primeira regra escrita da *class action* surgiu em 1842 por meio da *Equity Rule 48,* que determinava que os casos envolvendo numerosas partes poderiam ser processados por intermédio de representantes sem a necessidade de todos os indivíduos constarem individualmente no pólo da ação. Esta mesma regra determinava que as decisões nestas ações não teriam efeito vinculante (o que no Brasil é chamando de efeito *erga omnes*), em relação às partes ausentes.

Em 1912 a *Equity Rule 48* foi substituída pela *Equity Rule 38*. A principal diferença entre as duas normas foi de que nova regra eliminou a impossibilidade do efeito vinculante em relação às partes ausentes, determinando que apenas em situações limitadas o mesmo fosse utilizado. Mas, em razão da dificuldade encontrada pelos julgadores de identificar as hipóteses aventadas pelo legislador para limitação do efeito vinculante, podiam ser encontradas decisões conflitantes com muita freqüência.

Assim, o dispositivo legal que realmente revolucionou o instituto da *class action* foi a *Rule 23,* adotada em 1938 e profundamente alterada em 1966.

Um das principais alterações em 1966 ocorreu na classificação anteriormente adotada pelo dispositivo legal de 1938 que, diferenciava os interesses coletivos em *true*[82], *hybrid*[83] e *spurius*[84].

José Rogério Cruz e Tucci explica a classificação acima exposta da seguinte forma: *"a) **true class action**: quando o direito é*

---

[82] *Category described the purest type of class action, where the 'unity of interest' was 'joint or common' to all members of the class.* Tradução do autor: categoria reconhecida com o puro tipo de demanda coletiva, na qual a unidade de interesses é igual ou comum a todos os membros da classe.

[83] *Category recognized that the unity of interests were 'several' but all involved the same property or fund.* Tradução do autor: categoria reconhecida como a unidade de interesses no qual muitos mas não todos os referem-se a mesma propriedade ou fundo.

[84] *Described the interest of the class members as 'several' but recognized that aggregation was appropriate when 'a commom question of law or fact affected the several rights and common relief sought.* Tradução do autor: descreve o interesse dos membros da classe como o de muitos mas reconhece que a união deles é apropriada quanto uma questão legal comum ou um fato afetem o direito de todos eles e possa ter a mesma solução.

*absolutamente comum a todos os membros do grupo; b) **hybrid class action**: quando o direito é comum em razão de várias demandas sobre um mesmo bem; e c) **spurious class action**: quando inúmeras pessoas, possuindo interesses diversos, reúnem-se para litigar*"[85].

A regra adotada em 1966 eliminou a classificação dos interesses acima citada e adotou uma forma mais prática e funcional de controlar os interesses coletivos a serem tutelados ao dar ênfase à justa e adequada representação.

Assim, os requisitos básicos para a propositura da *class action* passaram a ser basicamente dois: i) elevado número de pessoas integrantes da mesma classe de maneira a tornar impraticável a presença de todos na mesma demanda; ii) a adequada representação do grupo.

Aluisio Gonçalves de Castro Mendes, em análise mais pormenorizada, identifica os requisitos da *class action* como sendo: i) haja uma classe identificável, ainda que desprovida de qualquer relação jurídica base entre seus membros; ii) que a classe seja tão numerosa que impossibilite a reunião de todos num único processo; iii) existência de questões comuns de fato ou de direito; iv) identidade de pretensões ou defesas entre o representante e a classe; v) representação adequada[86].

No que se refere à análise do requisito da adequada representação, o direito norte-americano concede amplos poderes ao juiz, que analisará a sua presença com total discricionariedade em cada caso a ele apresentado para julgamento.

Ada Pellegrini Grinover, jurista brasileira que sempre demonstrou entusiasmo ao analisar o instituto da *class action,* ao tratar do tema da representação adequada no direito norte-americano, dá a seguinte lição:

---

[85] TUCCI, J. R. C. **"*Class Action*" e Mandado de Segurança Coletivo – diversificações conceituais**. São Paulo: Saraiva, 1990. p. 13.

[86] MENDES, A. G. C. **Ações Coletivas no direito comparado e nacional**. São Paulo: RT, 2002. p. 74-83.

> *Quanto à **adequacy of representation**, a **Rule 23** abre amplo espaço à discricionariedade do juiz, o qual examina o passado e a organização da parte ideológica, hoje quase constantemente uma associação, verificando a data de sua constituição, sua democracia interna, a origem das subvenções que recebe, suas finalidades, sua extensão numérica ou espacial etc. Assim, na série de controles exercidos pelo juiz, compete-lhe examinar se as questões de fato e de direito são efetivamente comuns a todos os membros da **class** (para exemplificar, desmembraram-se ações que visavam à tutela dos direitos civis de minorias étnicas diversas, a negra e a hispano-sul-americana); se realmente se trata de questões típicas de uma **class**, que o juiz pode identificar para além da alegação dos representantes, usando de poderes inquisitórios em investigação preliminares etc.[87].*

Fica fácil perceber que o papel do magistrado nas *class action* é de inigualável importância, pois ele poderá de ofício excluir interesses ou partes, criar subclasses, impedir o prosseguimento do feito etc.

Quanto à legitimidade nas *class actions*, a alínea "a" da Regra 23 dispõe que: um ou mais membros da classe podem demandar ou ser demandados.

Ao tratar do assunto, José Rogério Cruz e Tucci faz o seguinte paralelo às ações populares brasileiras:

> *De modo assemelhado à legitimidade ativa conferida para a ação popular de nosso sistema jurídico, o demandante, na **class action**, apresenta-se como legitimado ordinário concorrente – **real party in interest** – buscando tutelar interesse próprio e, ainda, como 'representative' dos membros componentes de toda a categoria da qual faz parte[88].*

Assim sendo, a legitimação ativa para defender os interesses da categoria em juízo é outorgada a qualquer integrante, desde que titular de interesse idêntico aos dos demais membros.

---

[87] GRINOVER, A. P. **A tutela dos interesses difusos**. São Paulo: Max Limonad, 1984. p. 80.
[88] TUCCI, *op. cit.*, p. 21.

4.2 A *Citizen Action* Norte-Americana

A denominação *citizen action*, assim como no direito brasileiro, quer dizer, literalmente, ação do cidadão. Mas, apesar da mesma denominação, a *citizen action* possui características distintas da ação popular brasileira.

Do próprio conceito formulado por Antonio Herman V. Benjamin[89] pode-se notar algumas diferenças.

Em linhas rápidas, poder-se-ia conceituar a *citizen action* como o direito público de origem legislativa, exercitável por qualquer cidadão ou pessoa jurídica, extraordinariamente legitimados, objetivando obrigar, judicialmente, os poluidores e o próprio Estado a respeitarem a legislação ambiental[90].

Verifica-se que na *citizen action* o cidadão não é o único legitimado a propor a ação, pois a legislação americana estende também a legitimidade às pessoas jurídicas, às associações e a outros órgãos representativos de classe.

De acordo com Antonio Herman V. Benjamin, o nascimento da *citizen action* americana deu-se com a "Lei do Ar Puro", no ano de 1970, tendo ela sido inserida à legislação norte-americana como instrumento processual para tutelar o meio ambiente. Atualmente, mais de dez leis ecológicas trazem sua previsão expressa[91].

Fica fácil perceber que a *citizen action* norte-americana apresenta-se como instrumento intermediário entre a nossa ação popular e a ação civil pública. Utilizada para combater estritamente violações ambientais, suprindo eventuais falhas dos órgãos responsáveis pela fiscalização do meio ambiente, tem sido uma forte arma contra a degradação da natureza.

Deve-se ressaltar que nos Estados Unidos a população é educada desde os bancos escolares a se organizar, sendo comum

---

[89] BENJAMIN. A. H. V. A *citizen action* norte-americana e a tutela ambiental. **Revista de Processo** n. 62, 1991.
[90] *Idem. Ibidem.*
[91] *Idem. Ibidem.*

em uma universidade americana a existência de variadas associações protegendo interesses dos mais relevantes até mesmo aqueles mais fúteis.

Aléxis de Tocqueville, ao escrever sobre a Democracia na América, aduz:

> *Os americanos de todas as idades, de todas as condições, de todos os aspectos estão constantemente a se unir. Não só possuem associações comerciais e industriais, nas quais todos tomam parte, como ainda existem mil outras espécies: religiosas, morais, graves, fúteis, muito gerais e muito particulares, imensas e muitas pequenas; os americanos associam-se para dar festas, fundar seminários, construir hotéis, edificar igrejas, distribuir livros, enviar missionários aos antípodas; assim também criar hospitais, prisões, escolas [...] Em toda parte, onde, à frente de uma empresa nova, vemos na França o governo e na Inglaterra um grande senhor, tenhamos certeza de perceber nos Estados Unidos uma associação*[92].

E justamente em razão desse avançado nível de organização política é que os instrumentos processuais para defesa dos interesses transindividuais, tais como a *citizen action* e as *class actions*, são freqüentemente utilizados nos Estados Unidos.

4.3 A ação popular portuguesa

A regulamentação da ação popular no direito português ocorreu mediante a Lei 83, de 23.08.1995.

Apesar de a ação popular portuguesa possuir algumas semelhanças com as ações coletivas brasileiras, nota-se claramente que o legislador português se influenciou mais nas *class actions* do direito norte-americano.

---

[92] *Apud* ALEGRE, S. M. Ação Civil Pública, Constituição Federal e Legitimidade para agir. **Revista de Direito Público** n. 096, p. 73.

O objeto da ação popular portuguesa, de acordo com Rodolfo de Camargo Mancuso, é a tutela dos interesses relacionados à saúde pública, ao ambiente, à qualidade de vida, à proteção do consumidor de bens e serviços, ao patrimônio cultural e ao domínio econômico[93]. Assemelha-se, desta forma, muito mais com a ação civil pública do que com a ação popular brasileira, apesar da homonomia existente.

A doutrina questiona se o rol de interesses enumerado pela Lei 83/95 seria taxativo ou simplesmente exemplificativo.

Como bem observou Ada Pellegrini Grinover[94], neste aspecto o legislador brasileiro foi mais cauteloso, pois não instituiu um rol de interesses, ao contrário, deixou amplo o campo de abrangência quando a Lei 7.347/85, que trata da Ação Civil Pública, estabeleceu em seu art. 1º, inc. IV: *"qualquer outro interesse difuso ou coletivo"*.

Quanto à legitimação ativa na ação popular portuguesa, conforme arts. 2º e 3º da Lei 83/95, esta foi mais ampliativa que a brasileira: i) qualquer cidadão, no gozo dos seus direitos políticos; ii) associações e fundações, com personalidade jurídica, defensoras, por atribuição ou objetivos estatutários, dos interesses previstos na lei, independentemente de terem interesse direto na demanda, mas desde que não exerçam atividades profissionais concorrentes com empresas ou profissionais liberais; iii) autarquias locais em relação aos interesses de que sejam titulares residentes na área da respectiva circunscrição.

Nota-se que a ação popular portuguesa confere legitimação não só para os cidadãos, mas também para outros entes, tais como associações, fundações e autarquias. A explicação mais lógica é a de que, diferentemente da legislação pátria, o legislador português optou pela regulamentação de apenas um único instrumento processual para a defesa dos interesses metaindividuais e, portanto, acabou por aumentar seu rol de legitimados.

---

[93] MANCUSO, *op. cit.*, p. 146.
[94] GRINOVER, A. P. A Ação Popular Portuguesa: uma análise comparativa. **Revista de Processo** n. 83, a. 21, 1996. p. 165.

Ao comentar os dispositivos acima citados, Ada Pellegrini Grinover acrescenta que a lei portuguesa dispensa o autor popular de mandato ou de autorização expressa e explica:

> *E certamente a lei portuguesa distanciou-se – como a brasileira – do critério da representatividade adequada das **class action**, o qual permite ao juiz aferir caso a caso, em face de suas circunstâncias, a seriedade, a credibilidade, "a representatividade" enfim, das pessoas físicas e jurídicas amplamente legitimadas pelo sistema, que se façam portadoras, em juízo, de interesses metaindividuais. Assim, nos Estados Unidos, toda pessoa, física ou jurídica, independentemente de qualquer requisito, pode ajuizar uma ação de classe; mas competirá ao juiz, em face do caso concreto, aceitar ou não sua legitimação, levando em conta a referia representatividade*[95].

Apesar de superficial, eis que o direito comparado não é objeto principal deste trabalho, a análise da ação popular portuguesa tem a intenção de demonstrar que os instrumentos processuais utilizados em defesa dos interesses coletivos vêm ocupando cada vez mais a atenção dos juristas em outros países.

Em razão de seu recente nascimento, verifica-se que a tutela dos direitos transindividuais ainda carece de uma adequada estrutura, sendo certo que os legisladores sempre buscam nas legislações já existentes experiências que possam ser úteis na formulação de suas leis.

Desta sorte, não restam dúvidas de que a análise das peculiaridades da lei portuguesa pode contribuir para o incremento de toda a comunidade jurídica com o surgimento de novas idéias.

---

[95] GRINOVER, *op. cit.*, p. 168.

5

DA AÇÃO POPULAR

Na Roma antiga, apesar dos contornos e da abrangência do Estado não estarem ainda bem definidos, o povo já havia desenvolvido um senso cívico tamanho que se tornava comum um indivíduo dirigir-se a um magistrado e pleitear a tutela de um bem ou valor que não o atingia diretamente, mas sim a toda sociedade.

Neste sentido, ao comentar as origens históricas da ação popular, Rodolfo Camargo Mancuso explica:

> *A perplexidade, porém se desvanece quando se considera que, justamente pelo fato de a noção de "Estado" não estar bem definida, o que havia era um forte vínculo natural entre o cidadão e a gens [...] Ou seja, a relação entre o cidadão e a res publica era calcada no sentimento de que esta última "pertencia" em algum modo a cada um dos cidadãos romanos; e só assim se compreende que cada qual se sentisse legitimado a pleitear e juízo em nome dessa universitas pro indiviso, constituída pela coletividade romana*[96].

E justamente porque o Estado Romano não possuía ainda uma organização política bem acentuada é que as ações populares não constituíam um fenômeno tão excepcional como no direito moderno.

---

[96] MANCUSO, R. C. **Ação Popular**. 4. ed. São Paulo: RT, 2001. p. 39.

Ao tratar do assunto, Elival da Silva Ramos observa: "*À falta de uma concepção nítida de personalidade jurídica do Estado, os direitos e bens públicos pertenciam a todos os cidadãos (nacionais) romanos, como que em condomínio, donde se entender a proliferação de ações atribuídas **quivis unus ex populo** (a qualquer um do povo)*"[97].

Cabem igualmente aos romanos as primeiras definições do instituto da ação popular, como citado pelo jurista Ary Florêncio Guimarães:

> *A primeira definição, clássica e provecta, consagrada entre os jurisperitos da antiga Roma, nos é ministrada por Paulo no Digesto, liv. 47, título 23, frag. 1, de **popularibus actionibus**: 'Denominamos ação popular aquela que ampara o direito do próprio povo'* – ***Eam popularem actionem dicimus, quae suum jus populi tuetur***[98].

Mas afinal, quais eram os romanos que poderiam ajuizar uma ação popular?

De acordo com o ordenamento jurídico brasileiro, para que um homem seja considerado "pessoa" e, dessa forma, dotado de personalidade jurídica, basta o nascimento com vida[99]. Na Roma antiga, a situação era um pouco diferente, pois se fazia necessário primeiramente o nascimento perfeito e, posteriormente, a aquisição de certas condições, que eram chamadas pelos romanos de *status*.

Tratando do tema José Cretella Junior nos dá a seguinte lição:

> ***Nascimento perfeito*** *é o nascimento idôneo para gerar conseqüências jurídicas, devendo reunir 3 requisitos: nascimento com*

---

[97] RAMOS, E. S. **A ação popular como instrumento de participação política**. São Paulo: RT, 1991. p. 117.

[98] GUIMARÃES, A. F. **Aspectos da ação popular de natureza civil**. Dissertação apresentada à Faculdade de Direito da Universidade Federal do Paraná. Curitiba, 1957. p. 24-25.

[99] Art. 2º da Lei 10.406/02 que instituiu o novo Código Civil.

vida, revestir forma humana e apresentar viabilidade fetal, isto é, perfeição orgânica suficiente para continuar a viver. **Status** *é a qualidade em virtude do qual o romano tem direitos: é a condição civil de* **capacidade**. **Status** *e* **Caput** *são sinônimos em direito romano*[100].

Assim, para que o ser humano adquirisse a personalidade jurídica plena perante o direito romano era necessário que o mesmo fosse livre, cidadão e chefe de uma família, o que significa dizer que deveria adquirir o *status libertatis,* o *status civitatis* e o *status familiae,* como explica José Carlos Moreira Alves: *"Essas posições, em que se encontravam as pessoas com relação ao Estado (como homens livres e cidadãos romanos) ou à família (como* **pater famílias** *ou* **filius famílias**), *denominavam-se* **status** *(estados), que eram três:* **status libertatis, status civitatis** *e* **status familiae**"[101].

Quanto ao *status libertatis,* constituía ele no atributo da personalidade jurídica mais abrangente e precioso para os romanos, pois só indivíduo que o possuía é que poderia adquirir os demais *status.*

Conforme lição de Cretella Junior: *"Além da liberdade, situação máxima a que pode aspirar todo habitante do orbe romano, não se deve esquecer da cidadania, situação ambicionada por todo aquele que, tendo o* **status libertatis**, *deseja o* **status civitatis**. *Este, pois, pressupõe aquele, porque não pode ter* **civitas** *quem não tem a* **libertas**"[102].

No tocante ao *status civitatis,* o mesmo era denominado pelos romanos como sendo a dependência de um indivíduo a uma comunidade juridicamente organizada[103].

Finalmente, a posição de uma pessoa dentro da família romana era muito importante para determinar-se a amplitude de sua

---

[100] CRETELLA JUNIOR, J. **Direito Romano Moderno**: Introdução ao Direito Civil Brasileiro. Rio de Janeiro: Forense, 1999. p. 49.
[101] ALVES, J. C. M. **Direito Romano**. Rio de Janeiro: Forense, 1990. p. 119.
[102] CRETELLA JUNIOR, *op. cit.,* p. 50.
[103] ALVES, *op. cit.,* p. 128.

capacidade jurídica, assim somente o *pater família* é que gozava da plenitude do *status familiae*.

Nota-se que só aquele indivíduo que fosse dotado desses três elementos (*status libertatis, status civitatis* e *status familiae*) é que preenchia os requisitos necessários ao reconhecimento da personalidade jurídica, pressuposto indispensável para o exercício do direito de ação relativamente à ação popular.

Num primeiro momento, entretanto, além de todos os requisitos apontados, o cidadão romano somente poderia ajuizar uma ação popular nos casos em que o interesse público envolvesse também o seu direito particular, como nos revela José Afonso da Silva: *"É certo que o membro da* **gens***, como cidadão romano dos primeiros tempos, só podia agir nos casos em que o interêsse público envolvesse também o seu interêsse particular"*[104].

Paulo Barbosa de Campos Filho, ao discorrer sobre o tema, explica:

> *Os bens da* **gens** *não pertenciam a esta como pessoa jurídica, abstração que só depois de concebeu. Pertenciam sim aos* **gentiles***, encarados em conjunto. E foi para proteger "ce rapport particulier de communauté indivise du droit", que surgiram as primeiras ações populares. Quem as intentassem, por exemplo, pela violação de sepultura comum, exerca direito próprio, mas representava ao mesmo tempo, interesse de seus consócios. O* **Status***, por outro lado, não diferia do* **populus***. E, entre aquêle e os cidadãos, existiam relações semelhantes às que se travavam entre a* **gens** *e os* **gentiles***. Daí permitir-se a qualquer do provo exercitar direitos àquele pertencentes*[105].

Assim, para os cidadãos romanos, os bens de uso comum do povo como praças, rios, lagos, caminhos, estradas, eram tidos como algo indiviso e, portanto, pertencentes tanto ao Estado como a cada um dos cidadãos.

---

[104] SILVA, J. A. **Ação Popular Constitucional**. São Paulo: RT, 1968. p. 13.
[105] CAMPOS FILHO, P. B. **Da Ação Popular Constitucional**. São Paulo: Saraiva, 1968. p. 7.

Mas essa idéia acabou por se desenvolver, distinguindo-se o patrimônio público do patrimônio individual de cada cidadão romano. Tal evolução acabou por permitir, posteriormente, a utilização das ações populares sempre que houvesse hipótese de lesão exclusivamente do patrimônio público, ainda que o interesse particular não fosse diretamente atingido.

Rodolfo de Camargo Mancuso registra que

> [...] *o sentido cívico-patriótico não esteve muito nítido logo nos primeiros tempos de constituição das* **gens**, *época que o acesso à ação popular só se dava quando a lesão ao patrimônio público atingia, também a esfera do particular de interesse do cidadão. Numa fase posterior, o uso dessas ações veio a ser franqueado mesmo àqueles casos em que o dano à* **res publica** *não atingia, direta ou indiretamente, o patrimônio particular*[106].

Ressalta-se que a ação popular, desde os seus primórdios na legislação romana, pôde ser exercitada tanto na esfera civil como na penal, o que levou diversas legislações a adotarem ambas as hipóteses em seus direitos internos.

Apesar de ser mais conhecida a ação popular civil, houve momentos em que, no Brasil, adotou-se a ação popular penal dentre as formas de controle e fiscalização de atos estatais, conforme será visto no tópico seguinte, em que será tratada a evolução histórica do instituto jurídico no direito pátrio.

5.1 Evolução da ação popular na legislação brasileira

Hodiernamente, no âmbito civel (abrangendo tanto matérias de direito constitucional, administrativo, eleitoral, trabalhista etc.), a ação popular é tida como um instrumento colocado a serviço do cidadão para controle da legitimidade dos atos administrativos,

---

[106] MANCUSO, R. C. Ação Popular. **Revista de Processo** n. 27, a. 7, 1982. p. 27.

bem como de sua correção na eventualidade de terem suas finalidades desviadas. Já na esfera penal, apesar de o Brasil não adotar atualmente tal remédio nesta seara, a ação popular é entendida como o instrumento utilizado por qualquer pessoa do povo para acionar o Poder Judiciário contra o indivíduo que vier a praticar infração penal[107].

Historicamente no direito brasileiro, a ação popular sofreu transformações nas diversas constituições que vigoraram no país, tendo inclusive havido previsão expressa constitucional da *ação popular penal*, o que recomenda, para fins estritamente didáticos, uma separação do estudo da evolução da ação popular no direito brasileiro em *ação popular penal* e, após, *ação popular civil*.

5.1.1 Ação popular penal

A Constituição Imperial de 1824, outorgada autoritariamente por D. Pedro I após a dissolução da Assembléia Constituinte[108], ao tratar da prevaricação dos juízes[109], disciplinava em seu art. 157: *"Por suborno, peita, peculato e concussão, haverá contra eles a **ação popular**, que poderá ser intentada dentro de ano e dia pelo próprio queixoso ou por qualquer do povo, guardada a ordem do processo estabelecido"*[110]. (sem grifo no original)

Percebe-se que a Constituição de 1824 adotou no seu sistema exclusivamente a *ação popular penal*, que poderia ser ajuizada por qualquer do povo para a punição de autores dos delitos de suborno, peita, peculato e concussão.

Apesar da ausência no texto constitucional da ação popular cível, Rodolfo de Camargo Mancuso lembra que o Decreto 2.691 de 1860, editado ainda sob a égide daquele diploma normativo,

---

[107] NOGUEIRA, P. L. **Instrumentos de Tutela e Direitos Constitucionais**. São Paulo: Saraiva, p. 92.
[108] BUENO, E. **Brasil**: Uma História. São Paulo: Ática, 2002. p. 175.
[109] ALVIM, A. Ação Popular. **Revista de Processo** n. 32, a. 8, 1983. p. 166.
[110] NOGUEIRA, *op. cit.*, p. 94.

acenava como uma ação popular civil ao dispor que, *"quando houver emissão e conservação de títulos ilegais por parte do banco, ao lado das providências administrativas (policial ou fiscal), a apreensão por denúncia de qualquer do povo"*[111].

As demais constituições vigentes no Brasil não se valeram mais da ação popular penal, limitando-se a prescrever a ação popular como instrumento de defesa de interesses coletivos no âmbito cível.

Atualmente, conforme já adiantado acima, a Constituição Federal de 1988 não contemplou a possibilidade de ação popular penal, embora os mentores da Constituição o tenham tentado[112].

A resistência foi fundamentada na incompatibilidade daquele instituto com o sistema jurídico penal adotado pela Carta Magna, alicerçado na existência de um órgão oficial encarregado de propor as ações penais: o Ministério Público. Além da existência do Ministério Público, outro fundamento para a não adoção da ação popular penal no direito atual deve-se ao fato de que o cidadão não dispõe de meios suficientes e necessários à apuração e investigação criminal, já que nem mesmo os órgãos oficiais detêm estrutura para investigar e apurar os crimes com a eficiência necessária.

Por outro lado, excluir da gama de direitos do cidadão a possibilidade de ajuizar ações penais em defesa da coletividade seria tolher um dos aspectos do pleno exercício de seus direitos políticos, o que não se encontrava condizente com a sistemática adotada pela Constituição atual. Desta sorte, foi mantida a ação penal privada subsidiária, cabível nos casos de inércia do Ministério Público e garantida pelo art. 5º, inc. LIX[113], da Constituição Federal, apesar de raramente utilizada.

---

[111] MANCUSO, *op. cit.*, p. 176.
[112] NOGUEIRA, P. L. **Instrumentos de Tutela e Direitos Constitucionais**. São Paulo: Saraiva, 2002. p. 92.
[113] **Art. 5º, LXI**: *será admitida ação privada nos crimes de ação pública, se esta não for intentada no prazo legal.*

5.1.2 Ação popular civil

Após a experiência da Constituição de 1824, que previu a ação popular na esfera penal, a Constituição de 1891 sequer a mencionou, fosse no âmbito civil, fosse no penal.

Clóvis Beviláqua, ao se referir à exclusão feita pelo texto constitucional, teceu algumas críticas ao instrumento da ação popular, no seguinte sentido: *"para funções de classe, a sociedade possui órgãos adequados, que melhor as desempenham do que qualquer do povo"*[114].

A ação popular civil foi elevada ao nível constitucional, na condição de direito do cidadão para a defesa contra a lesividade ao patrimônio público, com a Carta liberal de 1934 que, em seu art. 113, previu o seguinte: *"Qualquer cidadão será parte legítima para pleitear a declaração de nulidade ou anulação dos atos lesivos do patrimônio da União, dos Estados ou dos Municípios"*.

Posteriormente, a Constituição de 1937, baseada na Constituição autoritária polonesa, mais uma vez, deixou de contemplar a ação popular em seu rol de normas, pois, como explica José Afonso da Silva[115],

> [...] *não havia lugar para um instituto que reencontrou na ordem jurídica nacional como manifestação do espírito democrático, e como garantia do cidadão. O autoritarismo do regime de 1937 não tolerava tal garantia, destinada exatamente a impedir desmandos dos gestores das coisas púbicas, mediante a participação fiscalizadora do cidadão no poder administrativo.*

Sem dúvida, a ação popular, como instrumento de participação política que é, não se coaduna com o regime de um governo autoritário, que inviabiliza qualquer tentativa de manifestação contrária aos próprios interesses dos detentores do poder.

---

[114] BEVILÁQUA, *apud* MANCUSO, R.C. **Revista de Processo** n. 027, a. 7, 1982. p. 177.
[115] SILVA, *op. cit.*, p. 35.

E por certo o "Estado Novo" instituído por Getúlio Vargas em 1937, inspirado na ditadura instituída por Salazar em Portugal, em 1933, materializado na outorga da Constituição apelidada de "A Polaca" e escrita pelo então Ministro da Justiça Francisco Campos[116], não dava espaço para o exercício da cidadania incorporado por uma ação judicial que tem por finalidade fiscalizar os atos políticos e evitar a lesividade ao patrimônio público, conforme previa a Constituição democrática de 1934.

Já a Constituição de 1946 fez novamente referência à ação popular em seu art. 141, § 38, dando maior abrangência ao patrimônio tutelado em relação àquele previsto na Constituição de 1934, ao incluir na sua esfera de incidência, além dos entes políticos (União, Estados e Municípios), as autarquias e sociedades de economia mista.

Nesse sentido, assim dispôs a Constituição de 1946: *"Qualquer cidadão será parte legítima para pleitear a anulação ou a declaração de nulidade de atos lesivos do patrimônio da União, dos Estados, dos Municípios, das entidades autárquicas e das sociedades de economia mista"*.

Foi sob a égide de tal texto que o legislador infraconstitucional dispôs especificamente sobre a ação popular para anulação de ato de naturalização, prevista no art. 35, § 1º da Lei 818 de 1949[117], e sobre a ação popular para seqüestro e perdimento de bens por atos praticados em detrimento da Fazenda Pública, prevista no art. 5º, § 2º da Lei 3.502 de 1958[118], normas lembradas por Arruda Alvim no sentido de evidenciar a regulamentação do instituto da ação popular naquela época[119].

---

[116] BUENO, *op. cit.*, p. 334.

[117] *Art. 35. Será nulo o Decreto de naturalização, se provada a falsidade ideológica ou material de qualquer dos documentos destinados a comprovação dos requisitos exigidos pelos arts. 8º e 9º. § 1º A nulidade será declarada em ação, com o rito constante dos arts. 24 a 34, e poderá ser promovida pelo Ministério Público Federal ou por qualquer cidadão.*

[118] Apesar de citado pelo autor, tal dispositivo de lei foi vetado e não chegou a incorporar o direito interno.

[119] ALVIM, A. Ação Popular. **Revista de Processo** n. 32, a. 8, 1983. p. 163.

Foi em 1965, contudo, que o instituto da ação popular foi amplamente regulamentado, o que se deu com o advento da Lei 4.717, em vigor até hoje e comumente conhecida como a "Lei da Ação Popular".

Tal norma jurídica foi recepcionada pela Constituição de 1967, que continuou prevendo em seu art. 150, § 31 que: *"Qualquer cidadão será parte legítima para propor ação popular que vise a anular atos lesivos ao patrimônio de entidades públicas"*, redação esta que foi mantida pela Emenda Constitucional 1 de 17.10.1969.

A Constituição Federal de 1988, considerada a Constituição cidadã, como não poderia deixar de ser, não só manteve a ação popular dentre as garantias fundamentais, como também criou novos remédios de defesa dos direitos individuais e coletivos, tais como o mandado de segurança coletivo (que será abordado oportunamente), mandado de injunção e *habeas data*, institutos jurídicos até então desconhecidos do ordenamento jurídico pátrio.

Relativamente à ação popular, a Constituição Federal preconizou em seu art. 5°, inc. LXXIII, que *"qualquer cidadão é parte legítima para propor ação popular que vise a anular ato lesivo ao patrimônio público ou de entidade de que o Estado participe, à moralidade administrativa, ao meio ambiente e ao patrimônio histórico e cultural, ficando o autor, salvo comprovada má-fé, isento de custas judiciais e do ônus da sucumbência"*.

É importante destacar que apesar de as ações penais terem sido as pioneiras na tutela de interesses difusos, o instrumento da ação popular foi de inquestionável importância para a evolução do ordenamento jurídico na seara dos direitos coletivos *lato sensu*.

5.2 Legitimidade ativa na ação popular

A Constituição Federal[120] é clara ao estabelecer que será parte legítima para propor a ação popular o *cidadão*, sendo que a

---

[120] *Art. 5°, LXXIII – qualquer cidadão é parte legítima para propor ação popular [...]*.

Lei 4.717/65[121], recepcionada também pela Carta Magna atual, preconiza que a prova da cidadania se fará com apresentação do título de eleitor ou outro documento que a ele corresponda.

Resta, então, a análise do conceito jurídico de *cidadão* como imprescindível ao estudo da legitimação ativa em sede da ação popular.

De acordo com o dicionário Aurélio, cidadão quer dizer *"indivíduo no gozo dos direitos civis e políticos de um Estado, ou no desempenho de seus deveres para com este"*[122]. Apesar de se tratar de uma definição estritamente filológica, própria dos dicionários lingüísticos, a definição trazida pela conceituada obra da língua portuguesa não destoa dos aspectos técnico-jurídicos inerentes ao tema.

Discute-se na doutrina se o conceito de cidadania tem o mesmo sentido de nacionalidade; se é um atributo ou qualidade da nacionalidade; se é privativo aos nacionais ou se deve ser interpretado à luz do art. 12 da Constituição Federal, dispositivo que não se refere à cidadania, mas utiliza o vocábulo nacionalidade com o mesmo sentido desta[123].

Tal discussão derivou, por certo, da previsão que constou dos arts. 6º[124] e 90[125] da Constituição do Império que, segundo

---

[121] *Art. 1º, § 3º a prova da cidadania, para ingresso em juízo, será feita com título eleitoral, ou com documento que a ele corresponda.*

[122] Software Dicionário Aurélio, verbete consultado: cidadão.

[123] PACHECO, J. S. **O Mandado de Segurança e outras Ações Constitucionais típicas**. São Paulo: RT, 1990. p. 331.

[124] *Art. 6. São Cidadãos Brazileiros*:
I – Os que no Brazil tiverem nascido, quer sejam ingenuos, ou libertos, ainda que o pai seja estrangeiro, uma vez que este não resida por serviço de sua Nação.
II – Os filhos de pai Brazileiro, e Os illegitimos de mãi Brazileira, nascidos em paiz estrangeiro, que vierem estabelecer domicilio no Imperio.
III – Os filhos de pai Brazileiro, que estivesse em paiz estrangeiro em serviço do Imperio, embora elles não venham estabelecer domicilio no Brazil.
IV – Todos os nascidos em Portugal, e suas Possessões, que sendo já residentes no Brazil na época, em que se proclamou a Independencia nas Provincias, onde habitavam, adheriram á esta expressa, ou tacitamente pela continuação da sua residencia.
V – Os estrangeiros naturalisados, qualquer que seja a sua Religião. A Lei determinará as qualidades precisas, para se obter Carta de naturalisação.

[125] *Art. 90. As nomeações dos Deputados, e Senadores para a Assembléa Geral, e dos Membros dos Conselhos Geraes das Provincias, serão feitas por Elei-*

Pimenta Bueno, citado por José Afonso da Silva, falava em *cidadão ativo* como aquele indivíduo titular dos direitos políticos, diferenciando-o do *cidadão brasileiro* que, em geral, se confundia, com o nacional[126].

Com a Constituição de 1967, que optou por destinar capítulos distintos para tratar da *nacionalidade* (arts. 140 e 141) e dos *direitos políticos* (arts. 142 a 148), a distinção tornou-se mais evidente. Referida opção topográfica do legislador constituinte foi seguida pela Constituição da República de 1988, o que acabou dificultando a confusão entre os conceitos de *cidadão* e de *nacional*.

Assim, hoje não mais se confunde *nacionalidade*, vínculo do indivíduo ao território de um Estado por nascimento, descendência ou naturalização, com *cidadania,* qualificação dos participantes da vida política do Estado.

Deve-se dizer, entretanto, que a nacionalidade é pré-requisito da cidadania, conforme preceitua o art. 14, §§ 2º e 3º da Constituição Federal de 1988, o que não autoriza a confusão entre institutos jurídicos completamente distintos. Transcrevem-se abaixo os aludidos dispositivos constitucionais, como forma de melhor elucidar a matéria:

> *Art. 14.* [...] *§ 2º Não podem alistar-se como eleitores os estrangeiros...*
> *§ 3º São condições de elegibilidade, na forma da lei: I – a nacionalidade brasileira* [...].

Como revela José Afonso da Silva, o conceito de *cidadão* deve ser: "[...] *no direito brasileiro, o indivíduo que seja titular dos direitos políticos*", tidos como a faculdade de intervenção direta ou indireta no poder político de seu país[127].

ções indirectas, elegendo a massa dos **Cidadãos activos** em Assembléas Parochiaes os Eleitores de Província, e estes os Representantes da Nação, e Província. [sem grifo no original]

[126] BUENO, Pimenta. *Apud.* Silva, J. A. **Curso de Direito Constitucional Positivo**. 10. ed. São Paulo: Malheiros, 1995. p. 330.

[127] SILVA, *op. cit.*, p. 330-331.

Ruy Armando Gessinger, inconformado com a restrição do cidadão apenas ao eleitor, entende que a expressão que melhor retrataria o termo seria *"qualquer brasileiro"*. Ao fundamentar o seu entendimento, argumenta:

> *O direito ao voto é um atributo da cidadania, na forma do art. 142, da Constituição Federal. Mas o cidadão continua cidadão, mesmo quando deixa de exercer o direito de voto. Apesar de cidadãos, podem não ser eleitores os inválidos, os maiores de setenta anos, os enfermos, os funcionários civis e os militares, em serviço que os impossibilite votar. Mas todos podem ser autores, na ação popular. O título eleitoral é apenas um instrumento utilizado pelo Estado para facilitar o processo eleitoral face ao número elevado de cidadãos eleitores. [...] Reduzir o cidadão a eleitor é uma restrição à qual não nos podemos filiar, mesmo sabendo que não são poucos os autores de ciência política que com ela concordam*[128].

Ilustrando o seu posicionamento, aquele autor exemplifica com a hipótese de suspensão das eleições ao afirmar que, mesmo se por algum motivo esta não ocorresse, os indivíduos não deixariam de ser cidadãos. Cita, ainda, o exemplo da ditadura, defendendo que mesmo diante da inexistência de representação popular nessa situação não democrática de um Estado, existem nele cidadãos.

No mesmo sentido Luísa Elizabeth T. C. Furtado:

> *Não se concebe, pois, a cidadania como mero reflexo de uma democracia representativa, onde o indivíduo só se manifesta, de tempos em tempos, por meio de eleições, para a escolha de representantes nas casas legislativas e no executivo. (...) Já que hoje vive-se um momento em que se busca adicionar a técnica necessária da democracia representativa às vantagens da democracia direita, deveriam ser abertas ao cidadão **lato sensu** (e não só **stricto**), atuar de forma direita e indireta no controle da admi-*

---

[128] GESSINGER, A. R. **Da ação popular constitucional**. Porto Alegre: Metrópole, 1985. p. 31.

nistração pública, e sendo assim, o instrumento ação popular seria bem mais do povo: bem mais **popular**[129].

Apesar dos posicionamentos acima transcritos, tem-se que o conceito de cidadão deve estar sempre associado ao exercício dos direitos políticos do indivíduo, e não a outros conceitos jurídicos que, apesar de correlatos, não fazem parte dos elementos delineadores do que se entende por cidadão.

Desse modo, a nacionalidade ou a capacidade civil plena, além de outros conceitos jurídicos, não devem ser levados em consideração no momento da definição do que se entende por *cidadão*, na concepção que deve ser utilizada para aferir se uma pessoa é ou não legitimada à propositura da ação popular.

Sem se distanciar da definição lingüística trazida pelo dicionário Aurélio acima citada, nem daquela trazida pelo jurista José Afonso da Silva, pode-se concluir que o *cidadão* é o indivíduo integrante do povo de um Estado responsável pela irradiação de todo o poder nele exercido; é o indivíduo que efetivamente pode trazer mudanças no cenário político do Estado Democrático de Direito, exercendo seu poder diretamente ou por intermédio de representantes eleitos; é o indivíduo que participa, ainda que potencialmente, da vida política do país. Sob tal ótica, portanto, não existem cidadãos em Estados autoritários, em que o povo não detém o poder.

Assim sendo, os argumentos trazidos pela respeitável doutrina em sentido diverso não parecem convencer. Por certo, a expressão *cidadania* vem cada vez mais exigindo maiores reformulações, pois a tendência moderna é ampliar gradativamente o seu sentido e, via de conseqüência, aumentar também o leque daqueles detentores de direitos políticos e com capacidade para exercê-los.

Por outro lado, essa situação evolutiva do conceito não nos parece suficiente para permitir uma ampliação exagerada ao conceito de *cidadão* que, nos termos da legislação vigente, tem direitos

---

[129] FURTADO, E. T. C. F. **Ação Popular**: Mecanismo de Controle dos Atos da Administração Pública pelo cidadão. São Paulo: LTr, 1997. p. 77.

e obrigações próprios e peculiares, não integrantes do rol de direitos e obrigações de todo e qualquer brasileiro.

Para fins de subsunção do indivíduo à expressão *cidadão* a que alude o art. 5°, inc. LXXIII da Carta Magna, cuja redação aduz "*qualquer cidadão é parte legítima para propor ação popular* [...]", afigura-se que o conceito do instituto refere-se exclusivamente àquela pessoa detentora dos direitos políticos ativos (poder de votar e, assim, de eleger os seus representantes), ainda que não detentora dos direitos políticos passivos (direito de ser votada).

Isso porque a ação popular deve ser vista, ao lado do plebiscito, do referendo e da iniciativa popular (CF/88, art. 14 e incisos), como um instrumento político e, como tal, exercido por integrantes do povo do Estado Democrático.

Nesse sentido, leciona Cândido Rangel Dinamarco:

> *O fundamental eixo substancial em torno de que gira todo o instituto da ação popular e gravitam as regras que a disciplinam é o concreto caráter lesivo do ato impugnado. Tal é a **ratio** da concepção e garantia desse remédio integrante da chamada jurisdição constitucional e tal o ponto central da legitimidade política da faculdade de demandar a remoção, por via judiciária, da eficácia de atos ilegítimos dos agentes públicos. (...) a participação (política) do cidadão na vida da sociedade constitui o escopo fundamental da garantia da ação popular. Esta não é instituída e tampouco inserida na jurisdição constitucional com o fito primário de proteger diretamente direitos e interesses individuais, ou mesmo direitos homogêneos, ou de grupos, ou difusos – como se dá na garantia da ação, do **habeas corpus**, do **habeas data**, do mandado de segurança individual ou coletivo, ou mesmo da ação civil pública*[130].

A teleologia da ação popular, como visto nas linhas acima, consiste em assegurar ao *cidadão*, ou seja, àquele que participa ou que tem a faculdade de participar da vida política do Estado, a pos-

---

[130] DINAMARCO, C. R. **Fundamentos do Processo Civil Moderno**. 4. ed. São Paulo: Malheiros. p. 424-425. t. I.

sibilidade de fiscalizar e tomar as medidas cabíveis para sanar eventuais irregularidades praticadas pelos seus representantes na administração da *res pública*.

Sobre o tema, o mesmo autor acima citado leciona que *"A tônica central é a participação política. Na ação popular o cidadão é erigido em guardião dos interesses comunitários, sendo legitimado a agir em prol da moralidade administrativa, em seu significado mais amplo e pela defesa do patrimônio comum"*[131].

O raciocínio é bem simples: se a Constituição preceitua, como fundamento democrático essencial do Estado de Direito Brasileiro, que *"todo o poder emana do povo"*, facultando que seu exercício se dê por meio de *"representantes eleitos"* (art. 1º, parágrafo único), deve a Carta dos Povos igualmente assegurar aos integrantes desse povo a fiscalização de seus representantes no exercício do poder a eles conferido e, como conseqüência, conferir-lhe igualmente meios para sanar eventuais irregularidades no seu exercício em caso de lesão ao patrimônio público ou à moralidade. Esse remédio consubstancia-se na ação popular.

Conclui-se que o conceito de *cidadão,* para fins de verificação da legitimidade ativa ao ajuizamento da ação popular, limita-se exclusivamente àquele indivíduo que, ainda que potencialmente, tem integrado no seu patrimônio de direitos o de ser eleitor (direito político ativo).

Com alicerce dessa premissa, analisar-se-ão os aspectos mais polêmicos com relação ao conceito de *cidadão* para fins de legitimação ativa nas ações populares.

5.2.1 Legitimidade ativa do maior de 16 (dezesseis) anos e menor de 18 (dezoito) anos

Como é sabido, a Constituição Federal, em seu art. 14, § 1º, inc. II, alínea "c", faculta aos maiores de 16 (dezesseis) e menores

---

[131] *Idem. Ibidem*, p. 425.

de 18 (dezoito) anos o direito ao voto, sendo ele obrigatório para os maiores de 18 (dezoito) anos[132].

Apesar de ser facultado aos maiores de 16 (dezesseis) e menores de 18 (dezoito) anos o exercício do direito ao voto, a própria Constituição não permite que eles possam ser eleitos para nenhum cargo político, pois estabelece como idade mínima a ocupantes de cargo eletivo a de 18 (dezoito) anos, para cargo de vereador[133].

Nota-se, portanto, que essa faixa etária da população encontra-se com os direitos políticos ativos facultados à sua vontade, não podendo exercer, entretanto, seus direitos políticos passivos.

Conforme entendimento já manifestado acima, a ausência dos direitos políticos passivos não parece consistir em impedimento ao ajuizamento da ação popular, pois, como já sedimentado, a legitimidade a que alude o art. 5º, inc. LXXIII da Constituição Federal de 1988 pressupõe o preenchimento dos requisitos inerentes à definição de *cidadania* que, neste particular, restringe-se à faculdade em se exercer os direitos políticos ativos (direito de votar), inerente aos indivíduos desta faixa etária.

Assim, não resta qualquer dúvida que o eleitor maior de 16 (dezesseis) e menor de 18 (dezoito) anos é constitucionalmente legitimado para a propositura da ação popular, não sendo a facultatividade do voto impedimento ao exercício do direito de ação relativamente àquela demanda coletiva.

Pelos mesmos motivos, o maior de 70 (setenta) anos e o analfabeto, a quem o alistamento eleitoral e o voto são igualmente facultativos (CF/88, art. 14, § 1º, inc. II), podem igualmente ajuizar ação popular.

Questão tormentosa, por outro lado, é saber se o *cidadão* menor, por ser relativamente incapaz para os atos da vida civil[134],

---

[132] Conforme CF, art. 14, § 1º, inc I.
[133] *Vide* CF/88, art. 14, inc. VI.
[134] Lei 10.406 de 10.01.2002, art. 4º que instituiu o novo Código Civil. Salienta-se que tal questão, na vigência do CC/1916, repousava inclusive sobre a situação dos eleitores maiores de 18 anos e menores de 21, eis que a maioridade civil no antigo sistema só se operava com 21 anos completos (CC/1916, art. 9º).

depende ou não da assistência para ajuizar a ação popular. Caso se entenda pela dispensa da assistência, restará saber se o instrumento de mandato conferindo poderes *ad judicia* ao advogado para ajuizar a ação popular pode ou não ser validamente assinado pelo menor sem assistência de seu representante legal. São os pontos a serem abordados a seguir.

Sob o enfoque processual, a capacidade para estar em juízo pressupõe que a pessoa esteja no efetivo exercício dos seus direitos, conforme disciplina o art. 7º do Código de Processo Civil, sem o qual, a capacidade processual depende de assistência ou representação, na forma da lei civil (CPC, art. 8º), conforme já visto.

Tal situação deu margem ao nascimento de correntes doutrinárias distintas.

Para Luísa Elisabeth E. T. Furtado: "[...] *quanto ao menor de 18 anos e maior de 16 anos, eleitor, preenchendo o requisito de cidadania e não tendo capacidade processual, pode intentar a ação popular por ser cidadão, porém assistido por não preencher os requisitos da capacidade processual*"[135].

Em sentido contrário, Fernando de Oliveira Teixeira defende que não há necessidade de assistência ao menor relativamente capaz para o ajuizamento da ação popular, sob o argumento de que o art. 8º do Código de Processo Civil achou-se derrogado pela Constituição Federal nesse particular[136], com base no critério de *legis superior derrogat legi inferior*, citado pela doutrina como forma de solução válida de antinomias de normas jurídicas.

Nessa mesma linha de raciocínio, o constitucionalista José Afonso da Silva entende que a ação popular constitui um exercício político atribuído ao eleitor e que, portanto, a regra do diploma processual citado sofreu derrogações em favor do menor eleitor, que poderia intentar ação sem assistência[137]. Nesse sentido é também o posicionamento do constitucionalista Alexandre de Moraes[138].

---

[135] FURTADO, *op. cit.*, p. 74.
[136] TEIXEIRA. F. O. **Ação Popular**: prática, processo e jurisprudência. Curitiba: Juruá, 1979. v. 35. p. 34.
[137] SILVA, J. A. **Enciclopédia Saraiva de Direito**. São Paulo: Saraiva, 1986. p. 402.
[138] TEIXEIRA, *op. cit.*, p. 181.

Paulo Barbosa de Campos Filho, adotando entendimento semelhante, esclarece:

> *Indaga-se, por exemplo, se poderá intentar ação popular o eleitor menor de 21 anos e maior de 18, por ser esta – a dos 18 anos – a idade da capacidade eleitoral, incoincidente com a da plena capacidade civil, só alcançada com a maioridade. E a resposta, ao nosso ver, só poderá ser afirmativa, por não se conceber cidadão-eleitor, investido, por definição, de todos os direitos políticos, incapaz de exercer um deles, e dos mais relevantes, qual seja, o de intentar ação popular. Admitir-se a negativa seria, na realidade, instituir, entre os cidadãos-eleitores, uma como subespécie, ou categoria inferior, constituída pelos maiores de 18 e menores de 21, os quais, porque maiores de 18, seriam eleitores, mas porque menores de 21, sofreriam restrições que só a eles diriam respeito e isso no próprio setor das atividades políticas. Ou seria – numa conseqüência ainda mais grave – supô-lo dependentes, para o exercício de uma tal atividade, de assistência que lhes dessem os ainda investidos do pátrio poder, que só se extingue, no que concerne a razões de idade, pela maioridade ou pela emancipação (CC, art. 392, II e III)*[139].

Mas não são apenas os constitucionalistas que se filiam à tese de que o menor de 18 (dezoito) anos e maior de 16 (dezesseis) anos tem capacidade de estar em juízo.

De acordo com Arruda Alvim:

> *No que diz respeito à legitimidade, alude a lei a cidadão e, evidentemente, aqui surge um problema: saber se o menor de idade, relativamente incapaz, entre 18 e 21 anos, pelo Código Civil, dado que o art. 7º do Código de Processo Civil se reporta ao Código Civil, para configurar o perfil do possível exercício do direito de estar em juízo, se se haverá de ficar com os parâmetros do Código Civil e do Código de Processo Civil, ou então, se este menor relativamente incapaz de 18 anos, pois é eleitor, pode, por*

---
[139] CAMPOS FILHO, *op. cit.*, p. 119.

isso mesmo comparecer em juízo. A nossa impressão é a de que pode. Se se trata de cidadão, e se ele pode votar, quer nos parecer que tem, em nosso sistema, o direito à ação popular, antes mesmo de ter o direito per se *à ação civil, de acordo com a maneira com o CPC, no art. 7º regrou o tema, ou seja, somente aos 21 anos de idade, em regra*[140].

E Rodolfo de Camargo Mancuso, ao enfrentar o tema, leciona:

Tentando harmonizar os textos, parece-nos sustentável dizer que a deficiência apresentada pelo menor quanto à sua idade é um dado secundário no confronto com a outorga de um direito político, de uma liberdade pública que lhe é assegurada em nível constitucional. Por outras palavras, cidadão ele é, porque mesmo sua incompetência é apenas relativa, limitada a certos atos da vida civil, para os quais – em seu próprio interesse – deve ele ser assistido (CC, art. 84); eleitor também é, como resulta claro do texto constitucional antes referido. De sorte que nos parece viável, malgrado não seja comum, que um cidadão brasileiro, eleitor, menor de 18 anos, outorgue, devidamente assistido, procuração a advogado e assim intente ação popular[141].

A mesma discussão que continua aventada em relação à necessidade de assistência ao menor púbere para o ajuizamento de ação popular foi objeto de análise pela doutrina com o advento da Lei 9.099/95, editada na vigência do Código Civil de 1916 e que dispôs sobre os Juizados Especiais Cíveis e Criminais, ao disciplinar que *"o maior de 18 anos poderá ser autor, independentemente de assistência, inclusive para fins de conciliação"* (art. 8º, § 2º).

Por óbvio, com a redução da maioridade civil de 21 (vinte e um) para 18 (dezoito) anos pela Lei 10.406/02 tal dispositivo teve sua eficácia completamente esvaziada, restando a questão apagada naquele particular. Todavia, a discussão mantém-se acesa, ainda, no tocante à necessidade de assistência para o autor popular menor

---

[140] ALVIM, *op. cit.*, p. 174.
[141] MANCUSO, *op. cit.*, p. 154.

de 18 (dezoito) anos, eis que o eleitor maior de 16 (dezesseis) e menor de 18 (dezoito) anos revela-se, ainda, como pessoa relativamente capaz.

Luiz Fernando Belinetti, à luz daquele dispositivo legal (Lei 9.099/95, art. 8º, § 2º), trouxe lições esclarecedoras e plenamente aplicáveis para a solução do impasse relativo às ações populares tratado neste tópico.

Segundo o supracitado autor, quando o Código Civil estabelece a idade para os relativamente incapazes, não o faz de forma absoluta, havendo na lei[142] ressalva expressa[143] de que a incapacidade refere-se apenas a determinadas hipóteses.

Para melhor explicitar o pensamento do autor acima mencionado, transcreve-se o seguinte trecho de seu artigo:

> *Assim, o primeiro ponto importante a ser ressaltado é que a capacidade de exercício significa objetivamente ser a pessoa apta a praticar os atos jurídicos pessoalmente, sem necessidade de qualquer ratificação de sua vontade por assistentes ou representantes. A incapacidade existirá exatamente quando a pessoa não puder, por si só, praticar ato jurídico. Se não puder manifestar a própria vontade, sendo necessário que um representante o faça, será absolutamente incapaz. Se puder manifestá-la, porém com assistência de alguém, será relativamente incapaz. Se puder manifestá-la isoladamente, sem assistentes ou representantes, será capaz. [...] Assim, o que a lei civil estabelece é que as pessoas nessa faixa são relativamente incapazes em determinadas hipóteses, sendo, portanto, plenamente capazes em outras*[144].

---

[142] Redação do art. 4º *caput* do Código Civil dada pela Lei 10.406/02, manteve-se inalterada.

[143] **Art. 4º**. *São incapazes, **relativamente a certos atos, ou à maneira de os exercer:***
I – os maiores de 16 (dezesseis) e menores de 18 (dezoito) anos.
[...] (sem grifo no original).

[144] BELINETTI, L. F. A intervenção do Ministério Público nos juizados especiais cíveis. A hipótese do artigo 8º, § 2º da Lei 9.099/95. **Genesis – Revista de Direito Processual Civil**. Curitiba, jan./abr. 1997. p. 71-73.

De fato, o raciocínio acima adotado é de todo válido. A incapacidade relativa prevista no art. 4º do Código Civil permite ao incapaz a prática de determinados atos sem a assistência de seu representante legal, como, por exemplo, fazer testamento (CC, art. 1.860, parágrafo único)[145], aceitar mandato (CC, art. 666)[146], testemunhar em processos judiciais (CC, art. 228, inc. I c.c. CPC, art. 405, § 1º, inc. III)[147], ser eleitor (CF/88, art. 14, § 1º, II, "c"), dar quitação de salários recebidos em virtude de seu trabalho (CLT, art. 439)[148] etc. E a ação popular, no entendimento deste estudo, constitui igualmente exceção à regra que dispõe sobre a necessidade de assistência ao menor púbere na prática de seus atos.

Ora, se o voto, que é patente manifestação de um dos direitos políticos do cidadão, não admite representação ou assistência, ainda que exercido pelo menor de 18 (dezoito) anos, por que a ação popular, que igualmente consiste num direito político[149], deveria ser tratada de forma distinta?

Nessa linha de raciocínio, a legitimidade assegurada ao cidadão menor de 18 (dezoito) anos dispensa a assistência para o ajuizamento da ação popular.

Com maior precisão sobre o assunto, Luiz Fernando Belinetti ainda disciplina que

> *Quem tem legitimidade **ad causam** terá legitimidade processual, o mesmo ocorrendo com a **capacidade processual**, pois estando o legitimado indicado no ordenamento, necessariamente terá capacidade, ao menos em se tratando de interesses coletivos, pois a pessoa ou órgão legitimado terá sido escolhido exatamente em*

---

[145] *Art. 1.860. Parágrafo único. Podem testar os maiores de 16 (dezesseis) anos.*

[146] *Art. 666. O maior de 16 anos e menor de 18 anos não emancipado pode ser mandatário [...]*

[147] *Art. 405. Podem depor como testemunhas todas as pessoas, exceto as incapazes, impedidas ou suspeitas. § 1º São incapazes: **III** – o menor de 16 (dezesseis) anos.*

[148] *Art. 439. É lícito ao menor firmar recibo pelo pagamento dos salários [...]*

[149] Neste sentido: José Afonso da SILVA. **Curso de Direito Constitucional Positivo**. São Paulo: Malheiros, 1995. p. 439.

função de sua possibilidade de com efetividade defender tais interesses[150].

É importante destacar, ainda, que apesar de a Lei 4.717/65[151] dispor em seu art. 22 que o Código de Processo Civil será utilizado subsidiariamente nas questões oriundas das ações populares, ressalvou expressamente que esta aplicação somente deveria ocorrer nas hipóteses em que não contrariasse a natureza da própria ação, de modo que a não aplicação da regra do art. 7º do Código de Processo Civil, no que se refere às ações populares, está amparado pela própria Lei da Ação Popular, como também pela interpretação do texto constitucional, sob pena de se desconfigurar a natureza jurídica do instituto em comento.

Por esse mesmo motivo, uma vez que há necessidade de advogado para preencher o pressuposto processual da capacidade postulatória em relação às ações populares (o que não ocorre, por exemplo, em relação ao *habeas corpus*), igualmente deve prevalecer o entendimento no sentido de que a outorga de poderes *ad judicia* pelo menor púbere independe da assistência de seu representante legal.

Isso porque, sendo indispensável o advogado para o exercício desse direito político que, conforme sustentado acima, independe de assistência, não faz qualquer sentido exigir-se tal requisito no momento da outorga de mandato, sob pena de se inviabilizar, por este motivo, o ajuizamento daquele remédio constitucional.

Assim, apesar de o atual Código Civil prever que o menor púbere possa figurar somente como mandatário numa relação jurídica de mandato (art. 666), para o ajuizamento da ação popular, a outorga de poderes ao advogado pelo menor eleitor pode ocorrer validamente sem a participação de assistente.

---

[150] BELINETTI, L. F. Ações Coletivas – Um tema a ser ainda enfrentado na reforma do processo civil brasileiro – A relação jurídica e as condições da ação nos interesses coletivos. **Revista de Processo** n. 98, 2000. p. 125.

[151] Redação da **Lei 4.717/65, art. 22**: "*Aplicam-se à ação popular as regras do Código de Processo Civil, naquilo em que não contrariem os dispositivos da própria Lei, **nem a natureza específica da ação**".* (sem grifo no original)

5.2.2 Legitimidade ativa do analfabeto

A deficiência de instrução já foi considerada causa de impedimento ao direito de voto sob o fundamento de que os analfabetos, não tendo acesso a livros, jornais e outras fontes de informação escrita, não teriam discernimento suficiente para o exercício de direitos políticos.

Em contrapartida, muitos são os que defendem a possibilidade de o analfabeto ter direito ao voto, corrente, aliás, adotada pelo legislador constitucional brasileiro na atual Constituição Federal. Acreditam os filiados desta corrente que, hodiernamente, inúmeros são os meios de comunicação existentes, tendo a notícia deixada de ser exclusivamente difundida pela forma escrita. Ademais, o simples fato de um indivíduo ser alfabetizado não garante que tenha discernimento para escolher os representantes políticos do país.

Aliado aos fatos narrados acima, não se pode olvidar que um dos mais elementares princípios do Estado Democrático de Direito é justamente a igualdade, não se justificando a exclusão de uma parcela considerável da população brasileira do sufrágio, tido como universal e, inclusive, assegurado constitucionalmente como cláusula pétrea (CF/88, art. 60, § 4º, inc. II).

Defendendo o exercício dos direitos políticos pelos analfabetos, Dalmo de Abreu Dallari leciona:

> [...] *a experiência tem demonstrado que o maior nível de cultura não significa maior interesse pelos assuntos públicos, melhor discernimento político, e mesmo maior honestidade de propósitos. Mas ainda que não existissem essas barreiras intransponíveis à aceitação da discriminação como justa, um dos fundamentos do Estado Democrático é a igualdade de todos, sobretudo igualdade jurídica e de possibilidade, não havendo como conciliar democracia e discriminação intelectual ou qualquer outra espécie de discriminação*[152].

---

[152] DALLARI, D. A. **Elementos de Teoria Geral do Estado**. São Paulo: Saraiva, 1993. p. 159.

Alimentada por essa mentalidade, a Constituição Federal de 1988, em seu art. 14, § 1°, inc. II, alínea "a", facultou aos analfabetos o direito ao voto.

Assim, afigura ser inquestionável a possibilidade de os analfabetos, no gozo de seus direitos políticos, poderem também ajuizar a ação popular, por se subsumirem inquestionavelmente ao conceito de cidadão na acepção necessária ao preenchimento das condições para a caracterização da legitimação ativa. Até porque as idéias do analfabeto serão expostas pelo advogado, o que significa dizer que a sua inaptidão para ler e escrever não serão óbices para o exercício de seu direito.

5.2.3 Legitimidade ativa do estrangeiro

Não obstante o art. 5°, inc. LXXIII da Constituição Federal tenha conferido legitimidade para propor a ação popular apenas ao *cidadão*, alguns doutrinadores levantaram a hipótese de o estrangeiro residente no país também poder ajuizar a ação popular.

Isso porque o *caput* do art. 5°, no qual encontra-se o elenco em que se insere a ação popular, estabeleceu que *"todos são iguais perante a lei, sem distinção de qualquer natureza, garantido-se aos brasileiros e aos **estrangeiros residentes no País** a inviolabilidade do direito à vida, à liberdade, à igualdade, à segurança e à propriedade..."* (sem grifo no original)

Nesse compasso, utilizando-se de argumento topológico, já houve juristas que argumentassem que o art. 5° da Constituição Federal estaria introduzido do capítulo dos direitos fundamentais, não necessariamente políticos. Para tais juristas, a ação popular não configuraria materialização do exercício de um direito político, mas mera garantia fundamental assegurada aos brasileiros e estrangeiros residentes no País.

Sob esse argumento entendem alguns que a legitimação ativa da ação popular deveria ser estendida a quem residisse no Brasil e aqui pagasse seus tributos, o que acabaria por incluir os estrangeiros[153].

Alexandre de Moraes, ao tratar dos destinatários da proteção conferida pelo art. 5º da Magna Carta, comenta:

> *Observe-se, porém, que a expressão* **residentes no Brasil** *deve ser interpretada no sentido de que a Carta Federal, só pode assegurar a validade e gozo dos direitos fundamentais dentro do território brasileiro, não excluindo, pois, o estrangeiro em trânsito no território nacional, que possui igualmente acesso às ações, como o mandado de segurança e demais remédios constitucionais*[154].

Vale ressaltar que, mesmo entendendo que o art. 5º da Magna Carta aplica-se também aos estrangeiros, o autor supracitado, ao se referir à ação popular, disciplina que o seu acesso limita-se aos brasileiros natos ou naturalizados no gozo de seus direitos políticos, ou seja, considera a ação popular um direito político, e não um direito fundamental estendido a todos aqueles que estiverem em solo nacional[155].

Ary Florêncio Guimarães afasta a possibilidade de o estrangeiro vir a ser parte autora de uma ação popular e menciona: "*Podemos afirmar, assim, que todo cidadão, dentro do nosso sistema, é um brasileiro, mas nem todo brasileiro pode ser considerado como cidadão* [...]" Logo a seguir complementa: "*Os estrangeiros, ainda que residentes do país em caráter permanente, figuram dentre os que se acham impossibilitados de exercer a franquia democrática*"[156].

Diante do exposto, o melhor entendimento é no sentido de excluir o estrangeiro da legitimação ativa para a ação popular, eis que referido instituto, considerado como materialização de um relevante direito político, não poderá ser exercido por quem não detém a capacidade eleitoral ativa e, desta forma, não participa da vida política nacional ativamente.

---

[153] MANCUSO, R. C. **Ação Popular**. 4. ed. São Paulo: RT, 2001. p. 146.
[154] MORAES, *op. cit.*, p. 63.
[155] *Idem. Ibidem.* p. 193.
[156] GUIMARÃES, *op. cit.*, p. 72-74.

Pelo mesmo motivo, os *militares conscritos*[157], a quem a Constituição Federal veda o alistamento como eleitores ao lado dos estrangeiros (CF/88, art. 14, § 2º), não poderão ajuizar a ação popular durante o serviço militar obrigatório, eis que, nesse período, seus direitos políticos ativos encontram-se suspensos.

5.2.4 Legitimidade ativa da Pessoa Jurídica

Entende a maioria da doutrina que a pessoa jurídica não pode ser admitida como autora da ação popular, pois somente a pessoa física pode ser considerada *cidadã* em sua acepção técnico-jurídica.

Rodolfo de Carmargo Mancuso, apesar de reconhecer que no direito pátrio a hipótese de cidadão está ligada ao atributo de eleitor, o que já descarta a possibilidade de a pessoa jurídica ser legitimada a ajuizar uma ação popular, traz a informação de que no direito francês há um precedente autorizando-a a integrar o pólo ativo desse expediente processual. A saber: *"E as pessoas jurídicas, têm legitimidade ativa para a ação popular? Há o precedente no direito francês, mas, no direito pátrio, a doutrina é contrária à hipótese, até porque, "cidadão" é o eleitor, de modo que, por definição, já ficam afastadas as pessoas jurídicas"*[158].

Além do direito francês, o direito português também confere legitimidade às associações e fundações com personalidade jurídica para ajuizar ação popular, aproximando-se do critério utilizado pelas *class action* do direito norte-americano, conforme anteriormente aduzido[159].

A regulamentação da ação popular no direito português ocorreu, como já visto, mediante a Lei 83/95, de 23.08.1995.

---

[157] Incluem-se dentre eles os médicos, dentistas, farmacêuticos e veterinários que prestam serviço militar obrigatório, a teor da Lei 5.292, conforme ensina-nos Alexandre de MORAES, em sua obra intitulada **Direito Constitucional**. 11. ed. 2002, São Paulo: Atlas, p. 235.

[158] MANCUSO, R. C. **Revista de Processo** n. 027, a. 7, 1982. p. 182.

[159] GRINOVER, A. P. A ação popular portuguesa: uma análise comparativa. **Revista de Processo** n. 83, a. 21, 1996. p. 168.

Apesar de a ação popular portuguesa possuir algumas semelhanças com as ações coletivas brasileiras, nota-se claramente que o legislador português se influenciou nas *class actions* do direito norte-americano, para o qual qualquer pessoa, física ou jurídica, pode ajuizar uma ação de classe sem necessidade de comprovar qualquer requisito; caberá ao juiz da causa averiguar se, diante dos fatos e documentos trazidos aos autos, a parte é realmente legítima para propor tal demanda (critério *ope iudicius*).

No direito brasileiro, entretanto, Ary Florêncio Guimarães refuta a possibilidade de a pessoa jurídica ajuizar a ação popular dispondo que

> *A lei constitucional tem, em suma, linguagem, a que o emérito ministro Orosimbo Nonato chamaria de **desenganada**: "qualquer cidadão será parte legítima...". Refere-se o texto, sem dúvida, tão-somente, ao brasileiro como pessoa física e componente do corpo político da Nação e tendo em vista, portanto, a sua qualidade pessoal e indelegável de eleitor devidamente registrado e que lhe outorga, conseguintemente, todas as prerrogativas de cidadão ativo: votar, ser votado e fiscalizar os agentes da administração pública, quer os escolhidos por sufrágio direito seu, quer os que não o sejam, mas que exerçam qualquer parcela de poder em nome da organização jurídica e política do Estado*[160].

Ruy Armando Gessinger também se filia à corrente segundo a qual a atual Constituição não deixou dúvidas quanto à exclusão da pessoa jurídica do rol dos legitimados para propor a ação popular, no entanto, ressalva seu entendimento no sentido de que seria bem-vinda a extensão da legitimidade para ajuizar ação popular aos partidos políticos, sindicatos e outras entidades de classe[161].

Nelson Carneiro, ao discorrer sobre a impossibilidade de o partido político ajuizar ação popular, já aduzia: *"um partido políti-*

---

[160] GUIMARÃES, A. F. **Aspectos da ação popular de natureza civil**. Dissertação apresentada à Faculdade de Direito da Universidade Federal do Paraná. Curitiba, 1957. p. 81.
[161] GESSINGER, *op. cit.*, p. 32.

co, embora constituído por solicitação de cinqüenta mil eleitores não é, entretanto, titular dos direitos subjetivos, que só os cidadãos possuem. A sua personalidade jurídica é diversa da de seus membros. Assim mesmo decidiu, há muito, o juiz paulista José Frederico Marques"[162].

Já Luísa Elisabeth T. C. Furtado é mais liberal e entende que a Constituição Federal e a Lei da Ação Popular não devem ser interpretadas com rigor e de forma restritiva. De acordo com o posicionamento da autora, as pessoas jurídicas têm legitimidade para ajuizar ações populares. Neste aspecto defende seu posicionamento:

> *Isto porque o espírito liberal e democrático que criou a ação popular e a lei que a regulamenta não deve ser interpretado rigorosamente, ao pé da letra. Não se pode ignorar as bases sociais e democráticas de sua origem.*
>
> *Daí que a legitimidade* **ad causam** *da ação popular deveria se estender às pessoas jurídicas, mesmo porque atendem ao requisito da cidadania* **lato sensu**, *pois embora não usem e gozem dos direitos políticos, são nacionais*[163].

Após muita discussão na doutrina e nos tribunais, o Supremo Tribunal Federal acabou sumulando a matéria dispondo expressamente: *"Pessoa jurídica não tem legitimidade para propor ação popular"* (Súmula 365).

Não obstante a existência da súmula do Supremo Tribunal Federal, a discussão ainda permanece entre os operadores do direito, o que sem dúvida contribui ao aperfeiçoamento da comunidade jurídica, pois é inquestionável que distintas opiniões fazem nascer novas idéias capazes de mudar ou aprimorar a legislação vigente.

Mister ser faz observar, ainda, que os instrumentos processuais em defesa dos interesses coletivos, concebidos por nossa le-

---

[162] CARNEIRO, Nelson. Das Ações Populares Civis no Direito Brasileiro. Revista de Direito Administrativo – **RDA** n. 025. p. 489.
[163] FURTADO, *op. cit.*, p. 75.

gislação e incorporados no ordenamento jurídico posteriormente à ação popular (ação civil pública e mandado de segurança coletivo, por exemplo), conferiram legitimidade a pessoas jurídicas.

Note-se que a legislação brasileira vem passando por uma profunda evolução, coerente com o progresso da própria sociedade que não admite mais a impunidade de atitudes ilegais ou imorais e lesivas ao patrimônio público, sejam elas praticadas por quem for. Desta forma, os novos instrumentos processuais colocados à disposição da sociedade para combater tais atitudes possuem um aspecto social, dirigido sempre a atender aos anseios da sociedade de massa.

Não se pode negar que sindicatos, associações, partidos políticos e demais entes dotados de personalidade jurídica própria encontram-se melhor aparelhados, tanto de recursos materiais como de recursos humanos, do que um cidadão isolado e, ainda, que a anulação ou a declaração de nulidade de atos lesivos ao patrimônio dos entes estatais, via de regra, envolvem questões complexas e pessoas influentes.

José da Silva Pacheco, ao analisar a questão, destaca:

> *Não se pode deixar de assinalar, porém, que bem poderia ter a Constituição ampliado o âmbito da legitimidade, com reais vantagens à coletividade. Não só qualquer pessoa do povo, mas também qualquer entidade legalmente constituída, que fosse sindicato, partido político, associação ou sociedade civil ou comercial. Por que só quem vota e é votado pode pleitear a invalidade de atos e contratos ilegais ou abusivos, prejudiciais ao patrimônio público ou equiparado? Por que os que pagam tributos não podem fazê-lo, se não foram eleitores? Por que a pessoa que conhece o fato lesivo ao patrimônio, se não for eleitor ou elegível, não poderá pleitear a invalidade do ato danoso à coletividade*[164].

Desta sorte, embora a Constituição seja explícita ao se referir ao *cidadão* como única parte legítima para propor ação popular e a Lei 4.717/65 se refira à comprovação do estado de cidadão com

---

[164] PACHECO, *op. cit.*, p. 338.

a apresentação do título de eleitor, destaca-se que a inclusão de pessoas jurídicas no rol de legitimados ativos proporcionaria inegáveis benefícios à sociedade.

Porém, frisa-se: diante do ordenamento jurídico que hoje se encontra em vigor, não há possibilidade da aceitação da pessoa jurídica como legitimada à propositura da ação popular, eis que esta, conforme restou mais do que repisado no presente estudo, só pode ser ajuizada pelo *cidadão*, entendido como o brasileiro detentor da capacidade eleitoral ativa (direito de alistar-se como eleitor e escolher os representantes que servirão de intermediários para o exercício do poder exercido pelo povo).

6

A AÇÃO CIVIL PÚBLICA

Das ações coletivas atualmente existentes no direito brasileiro a mais conhecida e mais debatida pelos juristas é a ação civil pública. Tal popularidade decorre não somente do fato da real e notória utilização desse meio processual para a tutela de direitos transindividuais como também pelas recentes alterações legislativas no tocante à matéria.

Por esse motivo, traça-se um breve intróito histórico antes de adentrar-se especificamente no tema central deste capítulo.

As ações com finalidade de tutelar os interesses coletivos *lato sensu* surgiram da necessidade de renovação do modelo clássico processual já existente, que passou a ser insuficiente e ineficiente diante do crescimento e evolução da sociedade.

As lições de Mauro Cappelletti, em seu célebre artigo intitulado *Formações Sociais e Interesses Coletivos diante da Justiça Civil*, merecem ser transcritas:

> *Não é necessário ser sociólogo de profissão para reconhecer que a sociedade (poderemos usar a ambiciosa palavra: civilização?) na qual vivemos é uma sociedade ou civilização de produção em massa, de troca e de consumo de massa, bem como de conflitos ou conflitualidades de massa (em matéria de trabalho, de relações entre classes sociais, entre raças, entre religiões etc.). Daí*

> *deriva que também as situações de vida, que o Direito deve regular, são tornadas sempre mais complexas, enquanto por sua vez, a tutela jurisdicional – "Justiça" – será invocada não mais somente contra violações de caráter individual, mas sempre freqüente contra violações de caráter essencialmente coletivo, enquanto envolvem grupos, classes e coletividades. Trata-se, em outras palavras de "violação de massa"*[165].

A complexidade da sociedade moderna fez surgir situações nas quais o interesse de grande número de pessoas pudesse estar em jogo, sendo que, para estas situações, o direito foi compelido a criar novos institutos que pudessem proporcionar soluções adequadas.

Assim sendo, para se chegar às origens históricas desses institutos se faz necessária a análise de experiências estrangeiras anteriores ao advento das leis brasileiras, eis que elas foram, sem dúvida, fonte de inspiração do legislador pátrio.

O primeiro país apontado como berço dos litígios coletivos foi a Inglaterra. A doutrina comenta a existência de três acontecimentos que teriam marcado as origens mais remotas das demandas coletivas. Aluísio Gonçalves de Castro Mendes[166], ao traçar a evolução histórica das ações coletivas na Inglaterra, narra esses três episódios.

O primeiro deles teria ocorrido em 1199, ocasião em que um pároco de Barkway teria ajuizado uma ação perante a Corte Eclesiástica de Canterbury versando sobre o direito a certas oferendas e serviços diários. A ação teria sido ajuizada em face de um povoado de Hertfordshire, todavia, apenas algumas pessoas foram escolhidas para representar todo o grupo em juízo.

O segundo caso apontado pela doutrina, ocorrido no século XIII, noticia a história de três aldeões que teriam ajuizado uma

---

[165] CAPELLETTI, M. Formações Sociais e Interesses Coletivos diante da Justiça Civil. **Revista de Processo** n. 05, a. 02, 1977. p. 130.
[166] MENDES, A. G. C. **Ações Coletivas no Direito Comparado e Nacional**. São Paulo: RT, 2002. p. 43.

ação visando ao benefício de toda a comunidade do povoado de Helpingham em face de outra comunidade, a de Donington. Apesar de estarem presentes apenas alguns moradores nos pólos da relação processual, o interesse tutelado era de toda a comunidade.

Finalmente, o terceiro episódio relata ação ajuizada no século XIV por Emery Gegge e Robert Wawayn em benefício deles e de todos os pobres e médios burgueses de Scarborough em detrimento de Roger Cross, Warin Draper e dos demais ricos burgueses.

Com relação aos casos acima apontados, o autor supracitado fez o seguinte comentário:

> *Os fragmentários registros sobre os casos supramencionados sugerem a então preocupação judicial com o mérito das causas, ou seja, em decidir quem possuía direito aos dízimos de Nuthamstead ou se os ricos burgueses estavam a explorar os outros cidadãos. Mas por outro lado, não se encontra, até o século XV, qualquer debate em torno da legitimação de alguns para defender o direito das coletividades envolvidas, dos efeitos da coisa julgada ou de outras questões processuais. A aceitação espontânea da respectiva representação ou legitimação extraordinária, durante a Idade Medieval, é a característica constante e básica desse período. As ações de grupo não eram objeto de discussão, justificação ou teorização, razão pela qual se pode dizer que o emprego e admissibiliade das mesmas eram realizados de modo inconsciente*[167].

Como bem constatado por Aluísio Gonçalves de Castro Mendes, o surgimento das ações de grupo ocorreu como forma de suprir as necessidades de se prestar uma adequada tutela dos interesses da época, ficando para um segundo plano os aspectos processuais, como, por exemplo, a discussão acerca da legitimidade.

Os debates processuais mais profundos somente vieram a ocorrer após o nascimento da ciência do direito processual, em

---

[167] *Idem. Ibidem*, p. 44.

1868, com a obra de Von Bülow[168], sendo certo que antes de seu avento as regras de processo respeitavam critérios meramente práticos e eram geralmente tratados por civilistas e romanistas, preocupados muito mais com a estruturação do direito material do que com o direito processual na condição de ciência autônoma.

Ainda na seara do direito comparado, a doutrina aponta como marco na história as experiências norte-americanas.

O primeiro caso noticiado de tutelas coletivas pela doutrina norte-americana, verdadeiramente de demanda coletiva[169], ocorreu em 1829, tendo ficado conhecido como o caso *Beatty v. Kurtz*. Este episódio relata a história de um grupo de luteranos que ajuizou ação em face de um herdeiro que estaria lhe ameaçando a retirada da posse de um barracão[170].

Apesar dos precedentes judiciais acima citados, a primeira norma escrita nos Estados Unidos a respeito da matéria foi editada apenas no ano de 1842 pela Suprema Corte, designada *Equity Rule* 48[171]. De acordo com esta norma, ao analisar o caso concreto e desde que verificado que a quantidade numerosa de partes, tanto no pólo ativo como no passivo, poderia prejudicar e retardar o julgado, a Corte teria a faculdade de dispensar algumas delas, dando prosseguimento ao feito apenas com as partes que julgasse suficiente. Nessa hipótese as decisões atingiriam também as pretensões e direitos das partes excluídas da relação processual e ausentes no processo.

---

[168] DINAMARCO, C. R. **Fundamentos do Processo Civil Moderno**. 4. ed. São Paulo: Malheiros, 2001. p. 40. t. I.

[169] Antes dele, em 1820, foi noticiado o caso *West v. Randall*, mas segundo a doutrina o conteúdo deste julgado não tratava de demanda coletiva, tendo sido ele apenas fonte inspiração para o estudo dos *group litigation*.

[170] MENDES. A. G. C. **Ações Coletivas no direito comparado**. São Paulo: RT, 2002. p. 65.

[171] *Equity rules 48*: *Where the parties on either side are very numerous, and cannot, without manifest inconvenience and oppressive delays, in the suit, be all brought before it, the court in its discretion may dispense with making all of them parties, and may proceed in the suit, having sufficient parties before it to represent all the adverse interests of the plaintiffs and the defendants in the suit properly before it. But in such cases the decree shall be without prejudice to the rights and claims of all the absent parties.*

Em 1912 a Suprema Corte reformulou a Regra 48, tendo entrado em vigor a Regra 38, no entanto, atualmente é a *Rule 23* da *Federal Rules of Civil Procedure* a norma utilizada e responsável por estabelecer os pressupostos processuais e condições para a admissibilidade da defesa coletiva em juízo[172].

Assim como a Inglaterra e os Estados Unidos, pioneiros no estudo da tutela jurisdicional coletiva, outros países como a Austrália, a Argentina, Portugal, o Canadá e o Brasil também introduziram nos últimos tempos mecanismos judiciais visando à proteção dos interesses coletivos.

6.1 Evolução da ação civil pública na legislação brasileira

Foi a Lei 6.938/81[173], ao definir a Política Nacional do Meio Ambiente e conceder legitimação ao Ministério Público para a ação de responsabilidade civil contra o poluidor por danos causados ao meio ambiente, que estabeleceu, pela primeira vez, a hipótese de ação civil pública no ordenamento jurídico pátrio.

Mas foi a Lei Orgânica do Ministério Público, em seu art. 3º, inc. III[174], no final daquele mesmo ano, que fez menção expressa de forma pioneira à ação civil pública como funcional institucional do Ministério Público.

Após o advento das leis acima mencionadas, alguns dos mais renomados juristas de nosso país iniciaram o estudo de instrumentos para a defesa dos interesses difusos na tentativa de sanar as omissões e insuficiências da Lei 4.717/65, que tratava da ação popular.

---

[172] Tratamos com mais detalhe a respeito do tema no capítulo 5 deste trabalho.

[173] *Art. 14.* [...] *§ 1º Sem obstar a aplicação das penalidades previstas neste artigo, é o poluidor obrigado, independentemente da existência de culpa, a indenizar ou reparar os danos causados ao meio ambiente e a terceiros, afetados por sua atividade. O Ministério Público da União e dos Estados terá legitimidade para propor ação de responsabilidade civil e criminal, por danos causados ao meio ambiente.*

[174] *Lei Complementar 40/81, art. 3º, III* – *São atribuições institucionais do Ministério Público:* [...]; *III* – *promover a ação civil pública, nos termos da lei.*

Professores como Ada Pellegrini Grinover, Cândido Rangel Dinamarco, Kazuo Watanabe e Waldermar Mariz de Oliveira Junior foram os responsáveis pela elaboração e apresentação do primeiro anteprojeto relativo à proteção jurisdicional dos interesses difusos. Posteriormente, este projeto foi transformado no Projeto de Lei 3.034/84, apresentado por iniciativa do Deputado Flávio Bierrenbach, e por isso ficou conhecido com o nome de "Projeto Bierrenbach"[175].

Foi no XI Seminário Jurídico dos Grupos de Estudos do Ministério Público de São Paulo que Antonio Augusto Mello de Camargo Ferraz, Edis Milaré e Nelson Nery Junior apresentaram outro anteprojeto de lei semelhante ao Projeto de Lei 3.034/84, contudo, mais abrangente que aquele. Com o apoio do Ministério Público de São Paulo e da Confederação Nacional do Ministério Público, o anteprojeto foi encaminhado ao então Ministro da Justiça Ibrahim Abi-Ackel e, posteriormente, apresentado ao Congresso Nacional pelo Presidente da República da época, João Figueiredo. Na Câmara dos Deputados foi autuado como Projeto de Lei 4.984/85 e, no Senado Federal, sob n. 20/85, tendo sido aprovado e transformado na Lei 7.347/85, sancionado pelo Presidente José Sarney[176].

A referida lei, em vigor até hoje, representa um verdadeiro marco no direito processual brasileiro por ter introduzido um autônomo sistema de tutela de direitos, diverso daquele até então existente e preconizado nas regras individualistas do Código de Processo Civil.

Assim, apesar de a Lei Complementar 40/81 ter sido a primeira a fazer menção expressa à *ação civil pública,* a efetiva introdução de uma sistemática geral para a tutela coletiva de direitos no ordenamento jurídico pátrio ocorreu com o advento da Lei 7.347/85, conhecida como a Lei da Ação Civil Pública.

A nova lei tratou de disciplinar a responsabilidade por danos causados ao meio ambiente, ao consumidor, a bens e direitos

---

[175] ARAÚJO FILHO. L. P. S. **Ações coletivas**: A Tutela Jurisdicional dos Direitos Individuais Homogêneos. Rio de Janeiro: Forense, 2000. p. 53.
[176] MENDES, A. G. C. **Ações Coletivas no Direito Comparado e Nacional**. São Paulo: RT, 2002. p. 194.

de valor artístico, estético, histórico, turístico e paisagístico[177]. Vale ressaltar que o inc. IV, ao disciplinar sobre a proteção a quaisquer outros interesses difusos e coletivos, foi vetado quando da aprovação da Lei no ano de 1985; no entanto, o veto pouco durou, pois com a edição da Lei 8.078/90, voltou a fazer parte integrante do elenco trazido pelo art. 1º da Lei 7.347/85. Recentemente, com o advento da Medida Provisória 2.102/01, renumerada para 2.180/01, a Lei da Ação Civil Pública também foi ampliada para tutelar os danos causados por infração à ordem econômica, à economia popular e à ordem urbanística.

Vale lembrar ainda que a Lei 8.078 de 11.09.1990, que instituiu o Código de Defesa do Consumidor, reservou em seu Título III disposições atinentes à defesa dos consumidores em juízo, alterando a redação de vários dispositivos da Lei da Ação Civil Pública, passando ambas as leis a conviverem harmonicamente e a preencherem as lacunas uma da outra.

É a conclusão a que se chega da leitura do art. 21 da Lei 7.347/85[178] que, apesar de ter sido acrescentado pelo Código de Defesa do Consumidor, não deixa dúvidas de que ambas as normas jurídicas completam-se e integram-se, formando um todo único na tutela coletiva de todo e qualquer direito que se submeta ao aludido sistema de proteção jurisdicional.

---

[177] ***Art. 1º.*** *Regem-se pelas disposições desta Lei, sem prejuízo da ação popular, as ações de responsabilidade por danos morais e patrimoniais causados:* (***Caput*** *com a redação dada pela Lei 8.884, de 11.06.1994).*

I – ao meio ambiente;

II – ao consumidor;

III – a bens e direitos de valor artístico, estético, histórico, turístico e paisagístico;

IV – a qualquer outro interesse difuso ou coletivo; (inciso acrescentado pelo art. 110 da Lei 8.078, de 11.09.1990).

V – por infração da ordem econômica e da economia popular. (inciso com a redação dada pela MP 2.102/01, renumerada para 2.180/01).

VI – à ordem urbanística. (Inciso acrescentado pela MP 2.180/01).

[178] ***Art. 21.*** *Aplicam-se à defesa dos interesses difusos, coletivos e individuais, no que for cabível, os dispositivos do Título III da Lei que instituiu o Código de Defesa do Consumidor.*

Nesse sentido tem-se as lições de Nelson Nery Junior e Rosa Maria Andrade Nery:

> *A integração dos sistemas da LACP e do CDC proporciona o alargamento das hipóteses de ACP tratadas na LACP. Quando foi editada, a LACP regulava apenas as ações de responsabilidade civil de obrigação de fazer e não fazer e as ações cautelares (LACP preâmbulo, 1º, 3º e 4º na redação de 24.07.1985). Como a disposição legal ora comentada manda aplicar o CDC às ações fundadas na LACP, incide especificamente o CDC 83, que diz serem cabíveis "todas as espécies de ações capazes de propiciar sua adequada e efetiva tutela." De conseqüência, a proteção dos direitos difusos e coletivos pela LACP, como os relativos ao meio ambiente, consumidor, bens e direitos de valor artístico, estético, histórico, turístico e paisagístico, bem como qualquer outro interesse difuso ou coletivo (LACP 1º, I a IV), não mais se restringe àquelas ações mencionadas na antiga redação da LACP preâmbulo, 1º, 3º e 4º. Os legitimados para a defesa judicial desses direitos poderão ajuizar qualquer ação que seja necessária para a adequada e efetiva tutela desses mesmos direitos*[179].

Desta sorte, a tutela coletiva de direitos se fará, precipuamente, com base em ambos os diplomas legais: Lei da Ação Civil Pública e Código de Defesa do Consumidor.

6.2 Legitimidade ativa na ação civil pública

Os legitimados ativos à propositura da ação civil pública são aqueles que integram o rol do art. 5º da Lei 7.347/85 (Lei da Ação Civil Pública), bem como os entes enumerados no art. 82 da Lei 8.078/90 (Código de Defesa do Consumidor).

É importante destacar que a Lei 7.853/89, que dispõe sobre o apoio às pessoas portadoras de deficiência, dentre outras provi-

---

[179] NERY JR, N. *et al*. **Código de Processo Civil Comentado**. 3. ed. São Paulo: RT, 1997. p. 1.162.

dências, traz em seu art. 3º praticamente os mesmos órgãos e entidades previstas como legitimados na Lei 7.347/85, com a ressalva de que tais entidades e órgãos incluam entre suas finalidades a proteção às pessoas portadoras de deficiência.

Não se pode olvidar também do art. 1º da Lei 7.913/89, que dispõe sobre a ação civil pública de responsabilidade por danos causados aos investidores no mercado mobiliário, que concede legitimidade ao Ministério Público para propor tais ações.

E ainda, a Lei 8.069/90, que dispõe sobre o Estatuto da Criança e do Adolescente e que, ao tratar em seu art. 210 dos legitimados à propositura da ação civil pública para a tutela dos direitos dos infantes, arrola não só o Ministério Público, como também a União, os Estados, os Municípios, o Distrito Federal, os Territórios e as associações legalmente constituídas há pelo menos um ano e que incluam entre seus fins institucionais a defesa dos interesses e direitos protegidos pelo Estatuto da Criança e do Adolescente, ressalvando que será dispensada a autorização da assembléia desde que haja prévia autorização estatutária.

Finalmente, a Constituição Federal em seu art. 232 autoriza os índios, as comunidades e organizações a ingressarem em juízo para a defesa de seus direitos e interesses, o que sem dúvida, inclui a possibilidade de ajuizarem ações civis públicas.

Assim sendo, de acordo com os dispositivos supramencionados, são legitimados a propor a ação civil pública: i) o Ministério Público; ii) a União, os Estados e os Municípios; iii) as Autarquias, as Empresas Públicas, as Fundações e as Sociedades de Economia Mista; iv) as associações; v) as entidades e órgãos da administração pública, direta ou indireta, ainda que sem personalidade jurídica; vi) comunidades indígenas.

É importante destacar que a legitimação para a propositura da ação civil pública é concorrente, ou seja, a atuação de um dos co-legitimados não inibe a atuação dos demais. Aliás, a própria Constituição Federal em seu art. 129, § 1º[180] é clara ao estabelecer

---

[180] *§ 1º A legitimação do Ministério Público para as ações civis previstas neste artigo não impede a de terceiros, nas mesmas hipóteses, segundo o disposto nesta Constituição e na lei.*

que a legitimação do Ministério Público não impede a de terceiros, o que torna a concorrência um atributo da legitimidade ativa.

Havendo a possibilidade de mais de uma pessoa ingressar com a ação civil pública para a tutela dos mesmos interesses, ainda que fundada na mesma causa de pedir, surge a dúvida acerca da litispendência.

Tal questionamento tem toda razão de ser devido ao fato de os interesses tutelados coletivamente não pertencerem materialmente ao legitimado que integra o pólo ativo da ação civil pública, mas sim à categoria de pessoas que não fazem parte da relação jurídica processual.

Sabe-se que a litispendência é fenômeno processual caracterizado pelo ajuizamento de uma ação repetindo ação já ajuizada que se encontra em trâmite, ou seja, duas ou mais ações com identidade tríplice de seus elementos – partes, objeto e *causa petendi* (CPC, art. 301, §§ 2º e 3º[181]) em curso simultâneo. A solução processual, nesses casos, é a extinção da segunda ação sem julgamento de seu mérito (CPC, art. 267, inc. V).

Acenando em sentido favorável à litispendência, Aluisio Gonçalves de Castro Mendes aduz que *"estando em jogo o mesmo pedido e causa de pedir, bem como havendo coincidência entre os titulares dos interesses difusos ou coletivos, não se deve admitir o ajuizamento de nova ação coletiva, em razão da presença de litispendência"*[182].

Por outro lado, ao tratar do tema, Pedro da Silva Dinamarco sustenta que

> *Se, mesmo assim, for proposto o segundo processo, duas soluções teoricamente possíveis se apresentam: a extinção sem julgamento do mérito (CPC, art. 267, inc. V) ou, por outro lado, reunião dos processos. Esta segunda opção parece ser a adequa-*

---

[181] **Art. 301.** [...] *§ 2º Uma ação é idêntica à outra quando tem as mesmas partes, a mesma causa de pedir e o mesmo pedido. § 3º Há litispendência, quando se repete ação, que está em curso*; [...].
[182] MENDES, *op. cit.*, p. 260.

da, pois não impede o acesso dos demais legitimados ao Judiciário, ou seja, não restringe a possibilidade de defesa dos interesses em jogo apenas por aquele que foi mais rápido (mas que nem por isso será necessariamente o representante mais adequado do grupo). Ademais, como os co-legitimados podem habilitar-se como litisconsortes (LACP, art. 5º, § 2º) uma interpretação sistemática recomendaria a reunião dos processos[183].

Nesse diapasão, entende-se que apesar de os efeitos da coisa julgada material não se limitarem subjetivamente à parte legítima que integrou o pólo ativo da demanda, transcendendo seus efeitos *erga omnes* ou *ultra partes*, dependendo da natureza do direito tutelado (Lei 8.078/90, art. 103), o ajuizamento de uma ação civil pública por outro co-legitimado ainda que com mesmo pedido e causa de pedir de outra já ajuizada anteriormente, não tem o condão de gerar a litispendência entre elas. Afinal, são partes diversas e, não havendo a identidade tríplice dos elementos da ação, conforme acima enfatizado, não há que se falar em litispendência.

Assim, por exemplo, se o Ministério Público (co-legitimado) ingressa com ação civil pública buscando a condenação de uma empresa que causou sérios danos ambientais e, no curso desta demanda, uma associação de defesa do meio ambiente ingressa com outra ação coletiva buscando o mesmo resultado, fundado no mesmo evento, não há que se falar em extinção sem julgamento do mérito da segunda ação por ser litispendente em relação à primeira.

Nessas hipóteses, entende-se deva ser aplicado o disposto no art. 2º, parágrafo único da Lei de Ação Civil Pública, segundo o qual "*a propositura da ação prevenirá a jurisdição do juízo para todas as ações posteriormente intentadas que possuam a mesma causa de pedir ou o mesmo objeto*". Trata-se de hipótese de conexão[184] e não de litispendência.

Em verdade, a norma preconizada no art. 2º, parágrafo único da Lei 7.347/85, traz em si a mesma solução dada pela regra

---

[183] DINAMARCO, P. *Op. cit.*, p. 112-113.

[184] **Art. 103**. *Reputam-se conexas duas ou mais ações, quando lhes for comum o objeto ou a causa de pedir.*

recentemente incorporada no Código de Processo Civil pela Lei 10.358, de 27.09.2001[185], só que voltada para as ações civis públicas.

Tudo isso para se evitar decisões conflitantes que não podem viver em harmonia simultaneamente.

Assim, a legitimidade concorrente vivenciada em sede de ação civil pública não possibilita a litispendência entre ações ajuizadas por legitimados distintos, ainda que com o mesmo objeto e causa de pedir, revelando a hipótese situação de conexão entre as ações e implicando a prevenção do juízo e reunião dos processos para julgamento em *simultaneus processus*, e não extinção de uma delas sem julgamento de seu mérito.

Inácio de Carvalho Neto ao tratar da possibilidade da ocorrência do fenômeno da litispendência entre uma ação popular e uma ação civil pública sustenta que sequer os pedidos imediatos, ou seja, os provimentos jurisdicionais almejados, são os mesmos. Segundo o autor haveria identificação apenas do pedido mediato, isto é, do bem da vida pretendido[186].

A doutrina também questiona a possibilidade de controle da representatividade adequada em se tratando de ações civis públicas, sendo que a grande maioria dos autores partilham do entendimento no sentido de que este controle estaria inviabilizado pelo próprio ordenamento jurídico brasileiro[187].

Vale lembrar que a representatividade adequada nos Estados Unidos, de acordo com a lei processual existente naquele sistema estrangeiro, é aferida pelo próprio juiz da causa (critério *ope iudicis*). Naquela nação, analisando-se as peculiaridades de cada situação, cabe ao magistrado o dever de verificar a atividade das

---

[185] ***Art. 253.*** *Distribuir-se-ão por dependência as causas de qualquer natureza:* ***I*** *– quando se relacionarem, por conexão ou continência, com outra já ajuizada* [...].

[186] CARVALHO NETO, Inácio de. **Manual de Processo Coletivo**. Curitiba: Juruá, 2004. p. 82

[187] Nesse sentido: Pedro DINAMARCO. **Ação Civil Pública.** 2001. p. 200-201; NERY JUNIR, Nelson; NERY, Rosa. **Código Civil Comentado.** 1997. p. 1.137-1.396.

partes durante todo o processo, desde o seu ingresso até a execução do julgado. Assim sendo, para dar andamento ao processo o juiz precisa estar convencido de que os interesses coletivos *sub judice* estão sendo adequadamente tutelados, de modo a evitar um prejuízo de grandes dimensões, já que se trata de um direito tutelado coletivamente.

No Brasil, o legislador preferiu enumerar os entes legitimados (critério *ope legis*). Desta sorte, na legislação brasileira há pouca margem de liberdade ao órgão julgador, eis que a legislação se incumbiu de trazer critérios objetivos para se aferir a presença ou não da representatividade adequada.

Sobre o tema enfocado, Antonio Gidi aduz:

> *É verdade que o juiz brasileiro não tem os mesmos poderes que o juiz americano para controlar a adequação do representante em uma ação coletiva. Todavia, embora se reconheça que essa atividade seja desenvolvida de uma forma precária pelo juiz brasileiro, a representação adequada dos interesses do grupo não pode ser deixada completamente fora do controle judicial. Embora seja claro que o papel do juiz seja completamente inerme e esteja incapacitado de exercitar algum controle da adequação do representante, especialmente se auxiliado por instrumentos cuidadosamente concebidos para facilitar a tarefa*[188].

Pedro da Silva Dinamarco, com mais rigor, sustenta expressamente que o nosso sistema jurídico não adotou na íntegra o instituto da representatividade adequada. De acordo com supracitado autor:

> *Conclui-se, assim, que a legitimidade no direito norte-americano evidencia profunda diferença em relação ao direito brasileiro, quer porque, entre nós, predominam os organismos públicos como representantes, quer porque, os que põem representar pelo*

---

[188] GIDI, A. A representação adequada nas ações coletivas brasileiras: uma proposta. **Revista de Processo** n. 108, 2002. p. 65.

Código de Proteção e Defesa do Consumidor são taxativamente indicados, ou mais precisamente, inequivocadamente mencionados, sem que se ofereça margem de dúvida para a identificação do legitimado[189].

Parece estar com a razão o supracitado jurista no sentido de que a legislação brasileira não adotou por completo o sistema da representatividade nos moldes das *class actions* norte-americanas, mas não há como negar que a experiência estrangeira foi fonte de muita inspiração ao legislador pátrio.

Aliás, o requisito objetivo da pré-constituição das associações prevista na Lei da Ação Civil Pública é um exemplo da preocupação do legislador brasileiro com a representatividade adequada. Com mais propriedade ainda, a faculdade dada ao juiz para afastar o requisito da pré-constituição quando "*haja manifesto interesse social evidenciado pela dimensão ou característica do dano, ou pela relevância do bem jurídico a ser protegido*" demonstra uma certa margem de controle concedida ao magistrado pelo legislador para assegurar que o legitimado ativo represente adequadamente o interesse tutelado.

Portanto, se o magistrado verificar no caso concreto que se trata de alguma tentativa de fraude aos interesses coletivos, ainda que cumpridos os requisitos legais de legitimidade, terá o dever de tomar providências no sentido de obstar os objetivos das partes.

Mais uma vez, Antonio Gidi, com inquestionável maestria argumenta:

> *Apesar de não estar expressamente previsto em lei, o juiz brasileiro não somente pode, como tem o dever de avaliar a adequada representação dos interesses do grupo em juízo. Se o juiz detectar a eventual inadequação do representante, em qualquer momento do processo, deverá proporcionar prazo e oportunidade para que o autor inadequado seja substituído por outro, adequado*[190].

---

[189] DINAMARCO, P. S. **Ação Civil Pública**. São Paulo: Saraiva, 2001. p. 202.
[190] *Idem. Ibidem*, p. 68.

Pedro Lenza, indo além da solução sugerida pelo sobredito autor, no sentido de dar oportunidade para que o autor inadequado seja substituído por outro, entende que a inadequação pode gerar até mesmo o indeferimento da inicial. Nesse sentido:

> [...] *seguindo a linha de revisitação do papel do juiz nos conflitos de massa, o magistrado não mais permanecerá passivo na condução do processo, devendo apresentar-se como **verdadeiro protagonista** das ações coletivas, cabendo-lhe, por exemplo, quando uma determinada associação não transparecer seriedade, credibilidade, capacidade econômica e técnica, indeferir o processamento da ação por falta do preenchimento do requisito da **representatividade adequada**.* (grifos nos original)[191]

Apenas a título de curiosidade, a proposta original da Lei da Ação Civil Pública (Projeto de Lei 3.034/84 – "Projeto Bierrenbach"), previa que o juiz deveria analisar a representatividade adequada caso a caso. Ocorre que, como se sabe, o citado Projeto de Lei não veio a ser aprovado, tendo a proposta encaminhada pelo Ministro da Justiça Ibrahim Abi-Ackel sido posteriormente convertida na hoje vigente Lei 7.347/85, conhecida como a Lei da Ação Civil Pública, sem essa previsão.

6.2.1 Ministério Público

Do elenco trazido pela legislação acerca do rol de legitimados ativos para a propositura da ação civil pública encontra-se o Ministério Público, que, segundo o art. 127 de nossa Carta Magna, é *"instituição permanente, essencial à função jurisdicional do Estado, incumbido-lhe a defesa da ordem jurídica, do regime democrático de direito e dos interesses sociais e individuais indisponíveis"*.

Em razão de sua estruturação e do grau de qualificação de seus membros, o Ministério Público é tido por alguns como o mais

---

[191] LENZA, P. **Teoria Geral da Ação Civil Pública**. São Paulo: RT, 2003. p. 169.

bem preparado dos legitimados à defesa dos interesses coletivos. E os números também têm demonstrado essa importância, pois é notório que a maioria das ações civis públicas ajuizadas até o momento foi proposta pelo Ministério Público.

Sobre o tema, João Batista de Almeida teve oportunidade de se pronunciar na forma que segue:

> *Em face de suas atribuições constitucionais de defesa da sociedade e dos interesses sociais e individuais (CF, art. 127, c/c art. 129, II e III) e da qualificação profissional de seus membros, o Ministério Público, dentre os demais legitimados, é, certamente, o órgão mais bem aparelhado para promover a defesa dos direitos ou interesses difusos, coletivos e individuais homogêneos, em nível judicial. Há, verdadeiramente, uma vocação natural para o mister, o que explica o grande volume de ações propostas pelo **Parquet** sobre a matéria[192].*

O fato de os demais legitimados à propositura da ação civil pública não serem tão ativos empiricamente como o Ministério Público pode ser explicado pela própria história da nação brasileira, em que a experiência democrática é ainda muito recente, não sendo poucos os que se recordam do período ditatorial em que os segmentos sociais, empresariais e políticos não tinham qualquer liberdade de expressão.

Acredita-se que o próprio exemplo do Ministério Público ao ajuizar inúmeras ações civis públicas em defesa dos interesses coletivos vem resgatando a consciência de toda a sociedade, fazendo-a perceber que nossa legislação já é capaz de coibir desmandos e injustiças que no passado se quedavam impunes.

Contrário a este entendimento, há vozes na doutrina que criticam a atuação do *Parquet* em sede de ações coletivas. Argumentam que a estrutura do órgão ministerial encontrar-se-ia demasiadamente inserida no Poder Executivo, o que lhe retiraria a liberdade e independência.

---

[192] ALMEIDA, J. B. **Aspectos Controvertidos da Ação Civil Pública**. São Paulo: RT, 2001. p. 96.

Mas, como bem explica Rodolfo de Camargo Mancuso,

> *Tais críticas podem, quiçá, ser válidas para outros países, mas não se aplicam, a toda a evidência, ao Ministério Público em nosso País, instituição una e indivisível, permanente e essencial à função jurisdicional do Estado, vocacionada à defesa da ordem jurídica, do regime democrático e dos interesses sociais e individuais indisponíveis*[193].

Assim sendo, como já exposto, as críticas ao Ministério Público não devem prosperar.

Isso porque, a partir da Constituição Federal de 1988, o Ministério Público teve reconhecido *status* de maior importância no cenário nacional, tendo sido ampliados os seus poderes e prerrogativas, o que lhe deu autonomia e independência no exercício de suas funções (CF/88, art. 127, § 1º[194]).

Nesse sentido, Alexandre de Moraes leciona que

> *A Constituição Federal de 1988 ampliou sobremaneira as funções do Ministério Público, transformando-o em um verdadeiro defensor da sociedade, tanto no campo penal, com a titularidade exclusiva da ação penal pública, quanto no campo cível, como fiscal dos demais Poderes públicos e defensor da legalidade e moralidade administrativa, inclusive com a titularidade do inquérito civil e da ação civil pública.*

Para se ter idéia acerca da importância da autonomia do Ministério Público conferida pela Constituição de 1988, a própria Carta dos Povos considera crime de responsabilidade do Presidente da República qualquer ato atentatório ao livre exercício da instituição, consoante previsão expressa trazida pelo art. 85, inc. II da Constituição Federal, demonstrando sua patente independência em

---

[193] MANCUSO, *op. cit.*, p. 106.
[194] *Art. 127.* [...] *§ 1º São princípios institucionais do Ministério Público a unidade, a indivisibilidade e a independência funcional.*

relação a quaisquer dos Poderes constituídos do Estado brasileiro, dentre eles o Poder Executivo.

Destacada a importância do Ministério Público na tutela de direitos coletivos, passa-se a discorrer sobre as diferentes hipóteses em que o órgão ministerial poderá atuar em sede de ação civil pública.

6.2.1.1 Ministério Público como autor

Como mencionado do item anterior, o Ministério Público é um dos entes legitimados ao ajuizamento da ação civil pública.

Questiona-se na doutrina se, devido às suas finalidades institucionais, o Ministério Público estaria obrigado a ajuizar ações civis públicas ou se o promotor público teria discricionariedade no caso de ter conhecimento de algum fato lesivo ao meio ambiente, ao consumidor, ao patrimônio histórico-cultural, à ordem urbanística, à ordem econômica ou a qualquer outro interesse difuso ou coletivo.

Os mais radicais levantam a hipótese até mesmo de crime de prevaricação, conforme art. 319 do Código Penal, para o caso de omissão do Ministério Público quanto ao ajuizamento da ação civil pública.

Não parece ser esse o melhor entendimento, pois como bem asseverado por Pedro da Silva Dinamarco:

> *Entretanto, não está o Ministério Público necessariamente obrigado a ajuizar a demanda coletiva. Conforme corrente majoritária, ele tem liberdade para vislumbrar a existência de interesse público a legitimar a sua atuação. Se se omitir, porém, nenhuma penalidade poderá ser imposta à instituição ou a qualquer de seus agentes, em razão do princípio constitucional da independência, salvo quando demonstrada a caracterização de dolo, inadmitindo-se a caracterização de crime por mera culpa*[195].

---

[195] DINAMARCO, P. *op. cit.*, p. 210.

Vale ressaltar, ainda, que no caso da ação civil pública, ao contrário da ação penal pública, o Ministério Público é apenas um dos co-legitimados, restando ainda um leque de outros entes que também possuem legitimidade para o ajuizamento da competente ação.

É claro também que, constatado o efetivo dolo do *parquet* na ocultação de algum fato para privilegiar terceiros, por certo, caberá sua responsabilização por isso, seja no âmbito administrativo, seja no cível ou até mesmo no penal.

A respeito do tema Hugo Nigro Mazzilli entende que

> *Essa obrigatoriedade deve ser bem compreendida. Não se admite que o Ministério Público, identificando uma hipótese em que deva agir, recuse-se a fazê-lo: nesse sentido, sua ação é um dever. Com efeito, bem apontou Calamdrei que, se o Ministério Público adverte ter sido violada a lei, não se admite que, por razões de conveniência, se abstenha de acionar ou de intervir para fazer com que restabeleça a ordem legal. Naturalmente, essa lição não há de aplicar-se às hipóteses em que a própria lei lhe confira a possibilidade de agir sob critérios discricionários*[196].

A sobreposição da independência funcional do membro do Ministério Público em relação à indisponibilidade da ação civil pública não é, entretanto, absoluta. Por certo, uma vez ajuizada a demanda coletiva, entende-se não poderá mais o Ministério Público desistir da ação, em virtude da relevância e magnitude dos direitos tutelados.

Apesar da falta de vedação legal expressa nesse sentido[197], ousa-se entender, portanto, que a ação civil pública não é disponível ao Ministério Público depois de ajuizada, ou seja, assim como

---

[196] MAZZILLI, H. N. **A defesa dos interesses difusos em juízo**. 13. ed. São Paulo: Saraiva, 2001. p. 78.

[197] Veja-se que, no caso das ações diretas de inconstitucionalidade, a legislação é expressa ao vedar a desistência (Lei 9.868/99, art. 5º). Apesar de a Lei 7.347/85 não trazer disposição semelhante, entende-se no mesmo sentido da vedação.

na ação penal pública (CPP, art. 42), também na ação civil pública não poderá o Ministério Púbico desistir da ação após o seu ajuizamento, uma vez que o Ministério Público não é o verdadeiro titular dos direitos tutelados, não poderá deles dispor.

Nesse sentido, Teori Albino Zavascki aduz:

> *Decerto inaceitável o argumento o qual, por não ser vedada em lei, a desistência, pelo Ministério Público, estaria permitida. Se a regra vale para o particular, o mesmo não se dá em relação ao Ministério Público que, como órgão do Estado que é, obedece a regra básica do direito público: os agentes do Estado somente podem praticar atos para os quais estejam autorizados por norma legal válida. Não bastaria, portanto, ausência de proibição, como ocorre na atividade dos particulares. A atuação do Ministério Público é vinculada não à vontade pessoal de seus agentes, mas a uma finalidade impessoal e pública, definida em lei*[198].

Apesar de a desistência da ação implicar extinção do feito sem julgamento de seu mérito (CPC, art. 267, inc. VIII), sendo situação ontologicamente distinta da renúncia ao direito sobre o qual se funda a ação, que resulta na extinção do processo com análise meritória (CPC, art. 269, inc. V), a desistência da ação pressupõe expressa concordância do titular do direito material invocado. É a conclusão a que se chega da leitura do art. 38 do diploma processual citado que, ao lado da renúncia do direito, coloca a desistência da ação dentre as situações que exigem do advogado poderes especiais para atuar em juízo.

Por tais motivos, entende-se que o Ministério Público não pode desistir da ação civil pública após intentada, além de não poder, igualmente, dispor de outros direitos processuais que afetem diretamente o direito material daqueles que serão atingidos pelo resultado da demanda[199].

---

[198] ZAVASCKI, T. A. O Ministério Público e Ação Civil Pública. **Revista de Informação Legislativa** – Brasília n. 114, a. 29, 1992. p. 155.

[199] A questão da disponibilidade da ação civil pública será analisada com mais acuidade no tópico 6.2.1.2 deste trabalho, mais adiante.

Outro aspecto que vem gerando uma certa polêmica na doutrina e na jurisprudência refere-se à natureza dos interesses que poderão ser tutelados pelo Ministério Público, já que a Constituição, em seu art. 129, inc. III, somente mencionou os interesses difusos e coletivos, não fazendo qualquer alusão aos interesses individuais homogêneos.

Ocorre que, tecendo-se uma interpretação sistemática do texto constitucional, verificamos no *caput* de seu art. 127 que compete ao Ministério Público a defesa *"dos interesses sociais e individuais indisponíveis"*, ao mesmo tempo em que o legislador constitucional atribuiu igualmente ao Ministério Público, em seu art. 129, inc. IX[200], *"exercer outras funções que lhe forem conferidas, desde que compatíveis com sua finalidade"*.

Assim, não se vê óbice à tutela coletiva de direitos individuais por parte do Ministério Público.

Tanto o Supremo Tribunal Federal[201] como Superior Tribunal de Justiça[202] já decidiram no sentido de estender a legitimidade

---

[200] *CF, art. 129. São funções institucionais do Ministério Público: (...) IX – exercer outras funções que lhe forem conferidas, desde que compatíveis com sua finalidade, sendo-lhe vedada a representação judicial e a consultoria jurídica de entidades públicas.*

[201] Ementa: **Constitucional. Ação Civil Pública: Ministério Público: Direitos Individuais Homogêneos.** *Lei 7.374/85, art. 1º, II, e art. 21, com a redação do art. 117 da Lei 8.078/90 (Código do Consumidor); Lei 8.625/93, art. 25. CF, arts. 127 e 129, III. I - Ação civil pública que tem por objeto direitos individuais homogêneos: legitimidade ativa do Ministério Público: questão que se situa no campo infraconstitucional: Lei 7.374/85, art. 1º, II, art. 21, redação do art. 117 e arts. 81 e 82 da Lei 8.078/90 (Código do Consumidor); Lei 8.625/93, art. 25. II – Questão constitucional do art. 129, III, não invocada. III. - Direitos individuais homogêneos, decorrentes de contratos de compromisso de compra e venda que não se identificam com "interesses sociais e individuais indisponíveis" (CF, art. 127). IV – Agravo regimental não provido.* **(RE 204200 AGR/SP – Ag. Reg. no Recurso Extraordinário – Rel. Min. Carlos Velloso – Julgamento 2ª T.)**

[202] **Ação Civil Pública.** *Ministério Público. Legitimidade. Contrato para aquisição de casa própria. O Ministério Público tem legitimidade para promover ação civil pública em defesa de interesses individuais homogêneos presentes nos contratos de compra e venda de imóveis de conjuntos habitacionais, pelo sistema financeiro da habitação, uma vez evidenciado interesse social relevante de defesa da economia popular. Precedentes. Recurso não*

do Ministério Público em caso de direitos individuais homogêneos, limitando-a apenas aos casos em que estes se referissem a direito social ou indisponível.

Todavia, na prática não é muito simples reconhecer quais são os direitos indisponíveis, apesar de a doutrina trazer definições, como é o caso de Miguel Reale: *"são direitos indisponíveis aqueles que, por sua natureza essencial ao valor e à sobrevivência da pessoa humana ou ao bem da coletividade, não poderão ser objeto de renúncia, de troca ou de cessão a terceiros"*[203].

Na tentativa de pacificar o entendimento, o Conselho Superior do Ministério Público paulista editou a Súmula 7, exemplificando os casos em que o *Parquet* teria legitimidade para ajuizar ação civil pública na tutela de direitos individuais homogêneos. Veja-se:

> *O Ministério Público está legitimado à defesa de interesses individuais homogêneos que tenham expressão para a coletividade, como: a) os que digam respeito à saúde ou à segurança das pessoas, ou ao acesso das crianças e adolescentes à educação; b) aqueles em que haja extraordinária dispersão dos lesados; c) quando convenha à coletividade o zelo pelo funcionamento de um sistema econômico, social ou jurídico.*

Verifica-se que a legitimidade do Ministério Público para a propositura da ação civil pública, quando envolva direitos individuais homogêneos, advém de um interesse geral da sociedade nas soluções dos litígios.

Portanto, a análise da legitimidade do Ministério Público nessas hipóteses deverá ser realizada caso a caso, não se justificando, por exemplo, que um promotor de justiça saia em defesa dos interesses de apenas alguns indivíduos quando tais interesses não ofereçam qualquer repercussão à sociedade.

---

conhecido. (**REsp. 404.239/PR – REsp. 2001/0191186-2 – 19.12.2002 – p. 00367 – Rel. Ruy Rosado de Aguiar).**

[203] REALE, M. Da ação civil pública. *In:* **Questões de direito público**. São Paulo: Saraiva, 1997. p. 132.

Com efeito, conclui-se que o Ministério Público, além da legitimidade que lhe deu a própria Constituição Federal para tutelar direitos difusos e coletivos (art. 129, inc. III), poderá igualmente tutelar coletivamente direitos individuais homogêneos indisponíveis ou, apesar de sua disponibilidade, direitos individuais homogêneos que sejam socialmente relevantes (CF/88 art. 127, *caput*).

Por outro lado, parece ser importante transcrever entendimento em sentido contrário ao aqui adotado, como é o caso daquele lecionado por Luiz Rodrigues Wambier:

> *Há, todavia, ao nosso ver, um óbice intransponível para a admissão da legitimidade do Ministério Público, em se tratando de demandas relativas aos direitos individuais homogêneos. Trata-se do dispositivo a que nos referimos algumas linhas atrás, e que está contido no inc. III do art. 129 da Constituição Federal. [...] É certo que – em relação à legitimidade do Ministério Público – onde o legislador constituinte a omitiu, não quis incluí-la. Nem mesmo os esforços de interpretação dos organismos superiores do Ministério Público, como é o caso do Conselho Superior do Ministério Público, parecem suficientes para ampliar a sua legitimidade*[204].

Dada a devida vênia, a adoção de uma interpretação sistemática da Carta Magna permite concluir que, apesar de não ter previsto expressamente em seu art. 129, inc. III a defesa pelo Ministério Público de direitos individuais homogêneos, expressamente o previu no *caput* do art. 127, desde que indisponíveis ou de relevante interesse social.

6.2.1.2 Ministério Público como fiscal da lei

De acordo como o § 1º do art. 5º da Lei 7.347/85, nos casos em que o Ministério Público não intervier no processo como parte, atuará obrigatoriamente como fiscal da lei.

---

[204] WAMBIER, L. R. **Liquidação de Sentença**. São Paulo: RT, 1997. p. 236-239.

Primeiramente, é importante destacar que a redação dada pelo legislador ao dispositivo legal acima transcrito não foi tecnicamente a mais correta, pois, seja atuando como autor, seja como fiscal da lei, o Ministério Público será parte no processo, pois para isso basta que ele esteja sujeito ao contraditório.

Na realidade, o que o texto legal tentou expressar foi que, nas hipóteses em que o Ministério Público não for o *autor* (e não *parte,* como diz o texto legal) da ação civil pública, deverá intervir no feito na qualidade de fiscal da lei.

Rodolfo de Carmargo Mancuso, partilhando do mesmo entendimento aduz:

> *Com efeito todo aquele que está presente no contraditório perante o juiz é parte. Portanto, dizer que o Ministério Público ora é parte ora é fiscal da lei não define uma verdadeira distinção de atividades, porque seja como autor ou como réu, seja como interveniente eqüidistante a autor e réu, o Ministério Público, desde que participante do contraditório, também é parte*[205].

Acrescenta ainda Pedro da Silva Dinamarco[206] que ser parte significa ser titular de deveres, ônus, poderes e faculdades, posições estas de que é titular o Ministério Público, seja quando atua na condição de autor, seja como na de fiscal da lei.

Em sua atuação como *custos legis* o Ministério Público não está obrigado a emitir parecer em sentido favorável ao autor da demanda, sob pena de ofensa à garantia constitucional de independência e autonomia, prevista no art. 127, §§ 1º e 2º[207] já mencionados. Aliás, se assim o fosse, o Ministério Público atuaria como litisconsorte do autor, e não como fiscal da lei.

---

[205] MANCUSO, *op. cit.,* p. 120
[206] DINAMARCO, *op. cit.,* p. 228
[207] *CF/88, art. 127, § 1º São princípios institucionais do Ministério Público a unidade, a indivisbilidade e a independência funcional; § 2º Ao Ministério Público é assegurado autonomia funcional e administrativa podendo [...].*

Assim, a participação do Ministério Público como fiscal da lei nos casos em que não atua como autor é de inquestionável importância, pois, como é sabido, as matérias versadas em sede de ação civil pública são de interesse de toda a sociedade, não sendo raras as tentativas de simulações ou colusões entre as partes do processo com o intuito de minar a eficácia de seu julgado.

Na condição de fiscal da lei o Ministério Público terá vista dos autos após as partes, devendo ser intimado de todos os atos realizados no processo, podendo ainda juntar documentos, certidões, produzir provas em audiência e requerer diligências que entender necessárias à solução do feito, tudo sob pena de nulidade processual, conforme disposição do art. 83 do Código de Processo Civil, aplicado subsidiariamente por força do disposto no art. 19 da Lei 7.347/85.

Em verdade, a previsão trazida pelo art. 5º, § 1º da Lei 7.347/85 nada mais foi do que uma forma de enfatizar a previsão já constante do Código de Processo Civil, em seu art. 82, inc. III, eis que, via de regra, os direitos tutelados coletivamente se subsumem ao conceito de *"interesse público evidenciado pela natureza da lide"*.

A doutrina tem questionado sobre a necessidade de intervenção do Ministério Público nos casos em que for igualmente o autor da demanda. Ao terem oportunidade de se manifestar sobre o assunto, os tribunais vêm decidindo no sentido de dispensar tal intervenção[208].

O entendimento acima mencionado parece ser o mais acertado, pois não há razão para que o Ministério Público tenha de atuar também na qualidade de fiscal da lei em um processo do qual já é autor e que, portanto, já está apto a fiscalizar e detectar qualquer irregularidade.

---

[208] Ementa: **Processual. Ministério Público atua como parte. Parecer Desnecessário. Atuações Sucessivas. Prequestionamento *a Posteriori*. Impossibilidade Lógica. Posquestionamento. Recurso Especial. Questão Constitucional. Conhecimento Impossível.** *I – Não faz sentido tomar parecer do Ministério Público, nos processos em que este atua como parte. II – Não se pode afirmar nulidade por falta de intimação do Ministério Público, se os respectivos agentes atuaram em todos os atos do processo.* [...] **(STJ – REsp. 184.906/SP – DJU 29.11.1999 – 1ª T. – Rel. Min. Humberto Gomes de Barros).**

6.2.1.3 Ministério Público em caso de abandono ou desistência

O § 3º do art. 5º da Lei 7.347/85 dispõe que: *"em caso de desistência infundada ou abandono da ação por associação legitimada, o Ministério Público ou outro legitimado assumirá a titularidade ativa"*.

A razão da inserção deste dispositivo pelo legislador, ao que tudo indica, é o de se evitar, mais uma vez, eventuais fraudes por meio de simulações ou conluio entre as partes.

Assim sendo, na hipótese de o Ministério Público assumir uma demanda originariamente ajuizada por uma associação que a tenha abandonado ou dela desistido sem qualquer fundamento, este passará a figurar como autor, o que ocorrerá por meio do instituto da sucessão processual, como explica Cândido Rangel Dinamarco:

> *Adquire-se a qualidade de parte no momento em que a pessoa passa a ter a titularidade acima descrita (independentemente do exercício efetivo dos poderes e faculdades, ou seja, independentemente da prática de atos do processo), o que acontece mediante quatro modos distintos: a) pela demanda (quem pratica o ato de iniciativa ganha, desde logo, a condição de demandante – autor, exeqüente); b) pela citação (com ela, o citado passa a ser réu, ou executado); c) pela intervenção espontânea (ingressando em processo pendente, o terceiro passa a ser parte da relação processual inicialmente constituída entre outras pessoas); d) pela sucessão (o sucessor, ou sucessores, passam a ocupar o lugar deixado pelo sucedido)*[209].

Da mesma forma que o Ministério Público não está obrigado a ajuizar a ação civil pública, conforme exposto em item anterior, também não está ele obrigado a dar prosseguimento ao feito abandonado por uma associação.

Nesse sentido, Pedro da Silva Dinamarco traz a seguinte lição: *"Quando a associação-autora desistir do processo de forma*

---

[209] DINAMARCO, C. R. **Litisconsórcio**. 4. ed. São Paulo: Malheiros, 1996. p. 22.

infundada, ou abandoná-la, o Ministério Público não estará obrigado a assumir a titularidade da demanda. Apenas quando, a seu exclusivo critério, houver interesse social é que poderá fazê-lo"[210].

As razões para essa conclusão são as mesmas expostas acima, ou seja, o Ministério Público é apenas um dos co-legitimados e, sobretudo, acobertado pelo princípio da independência funcional.

Mas é evidente que, se constatado que a ação se refere a assunto de manifesto interesse social evidenciado pela dimensão do dano ou relevância do bem jurídico a ser protegido, deverá o Ministério Público, na ausência de outro legitimado, tomar a iniciativa, assumir o pólo ativo da ação.

6.2.1.4 Ministério Público estadual e federal: litisconsórcio

De acordo com o § 5º do art. 5º da Lei 7.347/85: "*Admitir-se-á o listiconsórcio facultativo entre os Ministérios Públicos da União, do Distrito Federal e dos Estados na defesa dos interesses e direitos de que cuida esta lei*".

Antes da análise do dispositivo supracitado é importante destacar que o legislador acabou por gerar uma impropriedade terminológica, pois não haveria necessidade de ter se referido ao Ministério Público do Distrito Federal, uma vez que este já é compreendido pelo Ministério Público da União (CF/88, art. 128, inc. I, alínea "d").

A redação do § 5º do art. 5º da Lei 7.347/85, como é sabido, foi inserida pelo art. 113 do Código de Defesa do Consumidor, instituído pela Lei 8.078/90.

Há uma certa polêmica acerca da vigência do aludido dispositivo, tendo em vista que o art. 82, § 2º da Lei 8.078/90, que possuía a mesma redação do dispositivo ora em apreço, foi vetado pelo Presidente da República na sua atribuição constitucional no processo legislativo.

---

[210] DINAMARCO, P. *Op. cit.*, p. 232.

As razões do veto tinham como fundamento o disposto no art. 128, § 5º[211] da Constituição, que reserva à lei complementar a disciplina da organização e atribuições dos membros do Ministério Público.

Segundo Theotonio Negrão, o engano teria sido do órgão oficial que o publicou, pois na realidade, tanto o § 5º do art. 5º da Lei 7.347/85 como o § 2º do art. 82 da Lei 8.078/90 teriam sido vetados. E ainda aduz: "*A publicação, no Diário Oficial, do texto vetado, como se estivesse sido aprovado, obviamente não pode trazer como conseqüência ser considerado em vigor, pois o Congresso jamais rejeitou o veto, que, portanto, ainda subsiste, à espera de ser aprovado ou rejeitado*"[212].

Ao tratar do tema, José dos Santos Carvalho Filho revela:

> *Em nosso entender, apesar dessas observações, o dispositivo está em pleno vigor. Se o Chefe do Executivo, por descuido ou não, vetou determinado dispositivo e não o fez em relação ao outro de idêntico conteúdo, não há como deixar de considerar eficaz o dispositivo não vetado. Só com o veto expresso não se consuma por inteiro o ciclo da formação da lei*[213].

Por outro lado, os argumentos no sentido de que o referido dispositivo não estaria em vigor em virtude de veto de dispositivo idêntico pelo então Presidente da República Fernando Collor, tornam-se frágeis. Isso porque, apenas dois meses antes da publicação do aludido art. 113 do Código de Defesa do Consumidor, foi sancionado o art. 210, § 1º do Estatuto da Criança e do Adolescente[214] (lei

---

[211] **Art. 128, § 5º** *Leis complementares da União e dos Estados, cuja iniciativa é facultada aos respectivos Procuradores-Gerais, estabelecerão a organização, as atribuições e o estatuto de cada Ministério Público, observadas, relativamente a seus membros*: [...].

[212] NEGRÃO, T. **Código de Processo Civil e legislação em vigor**. 33. ed. São Paulo: Saraiva, 2002. p. 999.

[213] CARVALHO FILHO, J. S. **Ação Civil Pública**: comentários por artigo. Rio de Janeiro: Freitas Bastos, 1995. p. 126.

[214] Lei 8.069, que dispõe sobre o Estatuto da Criança e do Adolescente e dá outras providências, de 13.07.1990.

ordinária tanto quanto a Lei 8.078/90), cuja redação é praticamente a mesma daquele dispositivo vetado, a saber: *"Admitir-se-á litisconsórcio facultativo entre os Ministérios Públicos da União e dos Estados na defesa dos interesses e direitos de que cuida esta Lei"*.

Ainda que superados os alegados vícios formais de constitucionalidade, boa parte da doutrina segue na discussão acerca da constitucionalidade desta modalidade de litisconsórcio sob seu enfoque material.

O primeiro argumento para a argüição de inconstitucionalidade da indigitada norma fundamenta-se na ofensa ao princípio federativo, uma vez que permite a participação do Ministério Público Federal em processos em trâmite na Justiça Estadual e vice-versa.

Há vozes na doutrina nos dois sentidos.

Pedro da Silva Dinamarco entende que a hipótese acima aventada não ofende o sistema federativo, sob o argumento de que a lei pode atribuir função diversa ao órgão do Ministério Público e de que isso não seria exclusivo da Lei da Ação Civil Pública, citando o seguinte exemplo: *"Segundo o art. 37, inc. II e parágrafo, da Lei Orgânica do Ministério Público da União, para a defesa das populações indígenas, do meio ambiente e do patrimônio cultural o **parquet** federal pode atuar nas causas de competência de quaisquer juízes ou tribunais"*[215].

Defendendo opinião contrária, Vicente Greco Filho acredita ser inconstitucional o sobredito dispositivo, alegando que

> *É curial que a atuação do Ministério Público acompanhe a competência dos órgãos jurisdicionais perante os quais atuar. Assim, se a competência para o processo é da Justiça Federal, o Ministério Público estadual não pode atuar perante ela, e vice-versa. [...] lei ordinária não pode quebrar o sistema. Viola o parágrafo (**em comento**) o próprio sistema federativo, porque subverte as competências das autonomias*[216].

---

[215] DINAMARCO, *op. cit.*, p. 234.
[216] GRECO FILHO, V. **Comentários ao Código de Proteção do Consumidor**, art. 113, p. 377

Um segundo argumento utilizado por aqueles que defendem a inconstitucionalidade material da previsão que permite o litisconsórcio entre "Ministérios Públicos" distintos alicerça-se nos princípios da unidade e indivisibilidade constitucionalmente assegurados ao Ministério Público.

Kazuo Watanabe, ao se pronunciar sobre o assunto, aduz que a autonomia de cada Ministério Público setorial, ou seja, o federal, o estadual, o militar etc., é apenas administrativa, uma vez que em termos institucionais trata-se de um órgão único, de âmbito nacional. E acrescenta:

> *Desde que a defesa dos interesses e direitos difusos e coletivos esteja dentro das atribuições que a lei confere a um órgão do Ministério Público, a este é dado atuar em qualquer das Justiças, até mesmo em atuação conjunta, com o que se evitarão discussões doutrinárias estéreis a respeito do tema e, mais do que isso, um inútil e absurdo conflito de atribuições, que não raro revela muito mais uma disputa de vaidades do que defesa efetiva da atribuição privativa de um órgão do Ministério Público*[217].

Nelson Nery Junior observa que, ao atuar, o Ministério Público está representando a sociedade, verdadeira titular do direito. E esta representação institucional é regulamentada pela lei. Diante disso argumenta que *"na ausência de impeditivo legal, contudo, está o Ministério Público Estadual autorizado a, representando a sociedade, atuar na Justiça Federal ou na Justiça de qualquer Estado da federação, já que a unidade e indivisibilidade da instituição do **parquet** assim o permitem"*[218].

Hugo Nigro Mazzilli afasta qualquer ofensa ao princípio de unidade e indivisibilidade do Ministério Público sob a alegação de

---

[217] WATANABE, K. **Código Brasileiro de Defesa do Consumidor comentado pelos autores do anteprojeto**. 5. ed. São Paulo: Forense Universitária, 1998. p. 645.

[218] NERY JUNIOR, N. **Código Brasileiro de Defesa do Consumidor comentado pelos autores do anteprojeto**. 5. ed. São Paulo: Forense Universitária, 1998. p. 798.

que, não obstante a Constituição tenha reservado à lei complementar de cada Ministério Público a disciplina de suas atribuições, organização e estatuto, isso não impediria que a lei federal ordinária desse outras atribuições aos seus membros[219]. Para sustentar seu posicionamento, tece o seguinte raciocínio:

> *Ora, os princípios da unidade e indivisibilidade do Ministério Público só valem dentro de cada instituição; não podem ser invocados para disciplinar a atuação de Ministérios Públicos de Estados diversos, ou a atuações destes em face da União, nem mesmo a atuação dos diversos Ministérios Públicos da União reciprocamente considerados, a não ser se tratássemos unidade e indivisibilidade sob o aspecto puramente abstrato*[220].

João Batista de Almeida, ao contrário, entende ter sido correto o veto presidencial oposto, sob o fundamento de que os Ministérios Públicos da União e dos Estados têm sua atuação delimitada à Justiça Federal e Estadual, respectivamente. Neste sentido aduz:

> *Trata-se – é óbvio – de evidente cochilo no exercício do poder de veto, uma vez que as razões determinantes da extirpação do § 2º do art. 82 do CDC são as mesmas a fundamentar o veto do art. 113, que deu nova redação ao artigo da LACP, permitindo – por descuido, e só por isso – a volta do malfadado litisconsórcio, que ainda poderá ser excluído da legislação, se as autoridades envolvidas assim entenderem e se um novo projeto nesse sentido for aprovado e sancionado, ou ainda, se a tese passar a ser acolhida pelo Poder Judiciário*[221].

Ao ser questionado sobre assunto, José Carlos Barbosa Moreira expõe o seu entendimento da seguinte forma:

---

[219] MAZZILLI, *op. cit.*, p. 247.
[220] Idem. Ibidem.
[221] ALMEIDA, J. B. **Aspectos Controvertidos da Ação Civil Pública**. São Paulo: RT, 2001. p. 104.

> *Inclino-me pela solução que atribui a cada ramo do Ministério Público atuar dentro de seu âmbito próprio e normal, isto é, o Ministério Público da União atua junto à Justiça Federal; o Ministério Público Estadual, junto à Justiça Estadual. É o que parece mais consentâneo com a estrutura do próprio órgão, não obstante essa unidade, que não exclui a diversidade, a distinção. Então, a mim me parece que cada ramo do Ministério Público tem seu âmbito de atuação*[222].

Respeitados todos os posicionamentos acima expostos, considera-se em plena vigência o § 5º do art. 5º da Lei 7.347/85, que veio a possibilitar a atuação conjunta dos membros de Ministérios Públicos correspondentes a órgãos administrativos diversos, como, por exemplo, do Ministério Público Federal com o Ministério Público Estadual. Tampouco existe qualquer vício de constitucionalidade, seja material, seja formal, quanto ao aludido dispositivo de lei.

Na realidade, ao que parece, a discussão doutrinária acerca do dispositivo ora em comento, dada a devida vênia, não tem razão de ser. A atuação conjunta do Ministério Público Federal e Estadual não afronta o princípio federativo ou mesmo o princípio da unidade e da indivisibilidade do Ministério Público.

O que ocorre nessa hipótese, por analogia, é o mesmo que ocorre quando dois advogados que receberam procuração de um mesmo cliente assinam conjuntamente uma petição inicial. Bastaria que um só a assinasse para que a demanda tivesse validamente sua distribuição (salvo se houvesse cláusula no mandato exigindo representação em conjunto), mas nada impede que ambos atuem conjuntamente e assinem igualmente a peça processual inicial.

Seguindo esse raciocínio, o fato de o legislador tratar da atuação conjunta do Ministério Público Estadual e Federal como hipótese de litisconsórcio é que se afigura equivocada. Como já argumentado, o Ministério Público apenas é dividido administrativamente, mas institucionalmente é um único órgão, razão pela qual torna-se flagrantemente impróprio tratá-los como litisconsortes.

---

[222] MOREIRA, J. C. B. Ação Civil Pública. **Revista Trimestral de Direito Público** n. 93. p. 200.

Sem o extremo rigor da terminologia técnico-jurídica inerente ao direito positivo, dotado de imperfeições e atecnias típicas de todos os textos legais, deve-se simplesmente interpretá-lo e aplicá-lo consoante entendimento acima, e não simplesmente tratá-lo como inconstitucional, principalmente tendo em vista a relevância e os benefícios advindos de sua manutenção no ordenamento jurídico vigente.

Assim, não se trata, em verdade, de litisconsórcio de Ministérios Públicos, mas de um único Ministério Público representado processualmente por dois órgãos distintos: um Promotor de Justiça e um Procurador da República, o que parece plenamente possível, seja na justiça estadual, seja na federal.

6.2.2 Legitimidade ativa dos entes da Administração Pública *lato sensu*

De acordo com o *caput* do art. 5º da Lei da Ação Civil Pública conjugado com o art. 82, incs. II e III do Código de Defesa do Consumidor, são legitimados para propor ação civil pública a União, os Estados, os Municípios, as autarquias, as empresas públicas, as fundações, as sociedades de economia mista e outros órgãos da administração, ainda que sem personalidade jurídica.

Por outros legitimados podemos citar as agências reguladoras, as agências executivas[223] e consórcios públicos. As agências têm legitimidade porque integram a administração indireta e estão sujeitas ao regime jurídico das autarquias ou fundações. Já os consórcios públicos, integram a administração indireta porque resultam da fusão de associações públicas[224].

Pode parecer estranho que o art. 82 do Código de Defesa do Consumidor tenha se referido aos órgãos e entidades da adminis-

---

[223] De acordo com o art. 1º do Decreto 2.487 de 02.02.1998, *"As autarquias e as fundações integrantes da Administração Pública Federal poderão, observadas as diretrizes do Plano Diretor da Reforma do Aparelho do Estado, ser qualificadas como Agências Executivas"*.

[224] Ver Código Civil, art. 41.

tração, direta ou indireta, ainda que sem personalidade jurídica. Realmente, a ausência de personalidade jurídica dos órgãos da administração pública e de algumas entidades, via de regra, inviabilizam que os mesmos figurem como partes em uma ação judicial. Entretanto, neste caso, a lei atribui excepcionalmente a possibilidade de serem legitimados ativos, o que a doutrina tem chamado de *personalidade judiciária*[225], que não se confunde com personalidade jurídica. A personalidade judiciária atribui ao órgão ou entidade sem personalidade jurídica a possibilidade de estar em juízo.

Vale lembrar que, como o rol dos legitimados à propositura da ação civil pública é meramente exemplificativo, nada obsta a que o legislador conceda legitimidade a outras pessoas e, desta forma, amplie ainda mais o número de legitimados.

É importante destacar que a Lei da Ação Civil Pública, além de legitimar os entes da Administração Pública para a propositura da ação, também concedeu a eles os poderes para tomar compromissos de ajustamento de conduta dos interessados, mediante a imposição de cominações que, em caso de descumprimento, terão eficácia de título executivo extrajudicial.

Nota-se que o que falta para os entes da Administração Pública é, sem dúvida alguma, vontade política de se envolver nos assuntos de interesse da comunidade, já que instrumentos não lhes faltam.

Inconformado com a atuação dos entes políticos, Pedro da Silva Dinamarco desabafa:

> *É preocupante o fato de que a existência de uma democracia participativa, a par do apelo constitucional ao pluralismo da le-*

---

[225] Neste sentido Gregório Assagra de ALMEIDA aduz: "*Os órgãos Públicos sem personalidade jurídica também estão legitimados para ajuizamento de ação coletiva, como prevê expressamente o art. 82, III, do CDC, que por força da completa interação existente entre esse diploma legal e a LACP (art. 21), aplica-se à ACP. Para que seja aferida a legitimidade, é necessário que a tutela pretendida por intermédio da ação coletiva esteja inserida nas finalidades institucionais do respectivo ente público despersonalizado. Como se vê, esses entes públicos, apesar de não possuírem personalidade jurídica, possuem **personalidade judiciária**. Cita-se, por exemplo, o Procon*". (**Direito Processual Coletivo Brasileiro – um novo ramo do direito processual**. São Paulo: Saraiva, 2003. p. 518).

gitimação ativa para a ação civil pública (CF, art. 129, III e § 1º) parecem não ter seduzido os entes políticos, os quais vêm passando ao largo desse poder-dever que lhes vem cometido, inclusive na legislação infra-constitucional (Lei 7.347/85, art. 5º; Lei 8.249/92, art. 17). É compreensível que, nessas condições, venha o Ministério Público assumindo a maioria absoluta das iniciativas nesse campo, secundado pelas associações voltadas à defesa dos interesses metaindividuai[226].

Realmente é difícil compreender o descaso dos entes da Administração Pública na tutela dos interesses coletivos, pois teoricamente são eles, na qualidade de gestores da coisa pública, os maiores interessados na manutenção da ordem e do bem comum da comunidade.

Vale ressaltar que os órgãos da administração, na condição de autores de ações civis públicas, atuam como entes legalmente legitimados à proteção dos interesses coletivos, conforme posicionamento já manifestado alhures.

Assim, por exemplo, se um Município busca um crédito fiscal existente perante um outro ente federativo (Estado ou União) estará tutelando direito próprio em nome próprio, tratando-se a demanda de tutela individual de direitos, nada obstante sejam recursos públicos que afetarão indiretamente todos os munícipes daquela localidade. Nessa hipótese, não há se falar em ação civil pública; ter-se-á ação ordinária, regida pelas regras individualistas do atual diploma processual, eis que não se trata de tutela coletiva de direitos.

Nesse diapasão, é comum a confusão entre direito coletivo e direito público, principalmente considerando a indisponibilidade geralmente inerente a ambos, sendo necessário distinguir-se ambos os institutos jurídicos, eis que inconfundíveis e com tratamento jurídico-processual distinto.

Esclarecedoras são as lições de Maria Carmen Cavalcanti de Almeida:

---

[226] DINAMARCO, P. *Op. cit.*, p. 146.

Ou se alarga a definição de direito público, para cindi-lo em direito público primário e secundário – o primeiro trata do interesse geral da sociedade enquanto que, o segundo refere-se ao interesse do Estado estrito senso, ou se adota a divisão tripartite do direito, ou seja, direito público, privado e difuso, sob pena de em não fazê-lo, cometer-se o grave erro de confundir o interesse público do Estado com o interesse de toda a coletividade[227].

Discute-se se a legitimidade das entidades da Administração Pública depende da relação existente entre o bem tutelado e a sua própria finalidade institucional, ou seja, se é necessária a pertinência temática nesses casos.

Sobre o assunto, o Superior Tribunal de Justiça decidiu no sentido de considerar que a exigência da pertinência temática deve ser aplicada apenas às associações[228].

Apesar da inclinação jurisprudencial, a pertinência temática parece ser necessária a todos os entes legitimados à defesa dos direitos coletivos, mas no caso específico dos entes da Administração Pública *lato sensu* esta pertinência é tão ampla que dá a impressão que não existe.

Apenas a título de curiosidade, alguns países estrangeiros como a Suécia, a Inglaterra e os Estados Unidos optaram por uma *solução publicista,* outorgando legitimidade exclusivamente a órgãos e agências governamentais especializados para o ajuizamento da ação civil pública[229].

---

[227] ALMEIDA, M. C. C. Da Legitimidade Ativa do Ministério Público nas Ações Civis Públicas de Meio Ambiente. **Revista de Direito Ambiental** n. 19, 2000. p. 100.

[228] Ementa: **Processual. Legitimidade. Ação Civil Pública. Requisitos. Lei 7.347/85 (art. 5º, I, e II).** *A empresa pública está legitimada para o exercício de ação civil pública. Para tanto, não necessita adimplir os requisitos denunciados no art. 5º, I e II da Lei 7.347/85.* **(STJ – 1ª T. – Rel. Min. Garcia Vieira – REsp. 236.499/PB – j. em 13.04.2000)**

[229] MANCUSO, R. C. **Ação Civil Pública em defesa do Meio Ambiente, do Patrimônio Cultural e dos Consumidores.** 7. ed. São Paulo: RT, 2001. p. 174.

Como se sabe, o legislador pátrio preferiu adotar a legitimação concorrente e disjuntiva, sem qualquer preferência a nenhum de seus entes legitimados, conforme redação do art. 5º da Lei 7.347/85.

É importante elucidar que, apesar da previsão de sua legitimidade ativa, via de regra, os entes políticos e entidades da Administração Pública acabam figurando como réus nas ações coletivas, exatamente em virtude de suas constantes omissões no poder de polícia (fiscalização), revelando patente descaso para com a coisa pública.

6.2.3 Legitimidade ativa da Associação

A Lei 7.347/85, em seu art. 5º, concedeu às associações legitimidade para a propositura de ação civil pública em defesa dos interesses coletivos *lato sensu,* todavia, condicionou tal legitimidade aos seguintes requisitos: i) estar constituída há pelo menos um ano, nos termos da lei civil; ii) incluir entre suas finalidades institucionais a proteção ao meio ambiente, ao consumidor, à ordem econômica, à livre concorrência, ou ao patrimônio artístico, estético, histórico, turístico e paisagístico.

De acordo com a lei civil, para que uma associação esteja constituída legalmente é necessária a inscrição de seus contratos, atos constitutivos ou estatutos, no Registro Civil de Pessoas Jurídicas, conforme arts. 114 a 121 da Lei 6.015/73, que dispõe sobre os Registros Públicos e dá outras providências[230].

O objetivo do legislador, ao fixar o prazo mínimo de um ano entre a propositura da ação civil pública e a sua constituição, é o de se evitar fraudes e de também que associações despreparadas ajuízem ações sem propósitos relevantes, tumultuando ainda mais o Poder Judiciário sem trazer qualquer benefício à população.

---

[230] *Lei 6.015/73, art. 119. A existência legal da sociedade só começa com o registro de seus atos constitutivos.*

Mas, conforme já dito, a própria lei traz a exceção à regra; em seu art. 5°, § 4°, concede ao magistrado o poder de afastar o requisito da pré-constituição quando for manifesto o interesse social evidenciado pela dimensão ou característica do dano, ou pela relevância do bem jurídico a ser pretendido.

No que tange ao rol de interesses previstos no inc. II do art. 5° da Lei da Ação Civil Pública, alterado pela Lei 8.884/94 que deixou de mencionar a tutela de outros interesses difusos e coletivos, como fazia na redação anterior, a doutrina vem entendendo que se trata apenas de um rol exemplificativo.

Nesse sentido Nelson Nery Junior e Rosa Maria Andrade Nery aduzem:

> *Outros direitos difusos e coletivos. A LAT 88 parágrafo único ao dar nova redação ao inciso ora comentado, não mais menciona a expressão 'ou a qualquer direito difuso ou coletivo', que fora acrescentada ao dispositivo pelo Lei 8.072/90. No entanto, o princípio continua em vigor porque esses outros interesses difusos e coletivos são objeto de proteção da lei, conforme Lei 7.347/85, 1°, IV. Assim, podem os estatutos da associação civil ou sindicato conter a previsão de que uma das finalidades institucionais da entidade seja a defesa de outros interesses difusos ou coletivos, para fins de que trata a legitimação para a causa regulada na norma sob análise*[231].

O entendimento adotado pelos autores supracitados afigura-se o mais correto, pois, do contrário, estariam sendo impostas condições outras que a lei não estabeleceu. Logo, não se vê óbice para que associações contenham previsão estatutária para a defesa de espécies de interesses coletivos e difusos não arrolados no inc. II do art. 5° da Lei da Ação Civil Pública.

Quanto à autorização dos associados para o ajuizamento da ação, esta é expressamente dispensada pelo art. 82, inc. IV do Có-

---

[231] NERY JUNOR, N. *et al.* **Código de Processo Civil Comentado**. São Paulo: RT, 1999. p. 1.516.

digo de Defesa do Consumidor[232], aplicável à Lei da Ação Civil Pública por força de seu art. 21.

Se a ação civil pública for ajuizada com alicerce na Lei 8.069/90 – Estatuto da Criança e do Adolescente – a dispensa da autorização dos associados somente ocorrerá se houver prévia autorização estatutária (art. 210).

No tocante a esse tema, algumas considerações merecem ser trazidas a lume.

Em 1999, com o advento da Medida Provisória 1.798-1/99, convertida na atual MP 2.180/01, foi introduzido o art. 2º-A à Lei 9.494/97, cujo parágrafo único teve a seguinte redação:

> *Parágrafo único. Nas ações coletivas propostas contra a União, os Estados, o Distrito Federal, os Municípios e suas autarquias e fundações, a petição inicial deverá obrigatoriamente estar instruída com a **ata da assembléia da entidade associativa que a autorizou**, acompanhada da relação nominal dos seus associados e indicação dos respectivos endereços.* (sem grifo no original)

Tal disposição determina que, quando a ação coletiva for movida em face das pessoas políticas, inclusive suas fundações e autarquias, a autorização dos associados à associação torna-se imprescindível ao deferimento da petição inicial.

Apesar da aludida norma, tem-se que se trata de regra que não se coaduna com a sistemática inerente à tutela coletiva de direitos.

Como se disse, ao ajuizar uma ação civil pública, as associações não atuam como representantes processuais de seus associados, situação em que a autorização prévia faz-se necessária e coerente, eis que se está tutelando direito alheio em nome alheio.

Ademais, a distinção feita em relação às ações coletivas movidas apenas em relação à Fazenda Pública parece ostentar afronta ao princípio da isonomia, já que não há qualquer diferença entre aqueles réus e outros quaisquer apta a justificar a exigência imposta naquele comando legal.

---

[232] *Art. 82.* [...] *IV – as associações* [...], *dispensada a autorização assemblear.*

Por tais motivos, referida norma padece de inconstitucionalidade e, portanto, deve ser afastada sua incidência em relação às demandas coletivas.

Desta sorte, as associações podem ajuizar ação civil pública para a defesa dos interesses coletivos *lato sensu*, sem que haja a necessidade de autorização expressa de seus associados em assembléia geral, porém, desde que incluam entre suas finalidades institucionais a proteção de direitos difusos, coletivos e individuais homogêneos a serem tutelados[233].

Como já aduzido acima, não se pode confundir a legitimidade das associações para ajuizar ação civil pública para a tutela de direitos coletivos, garantida pela Lei da Ação Civil Pública e pelo Código e Defesa do Consumidor com a defesa de direitos individuais de seus associados fundamentando no art. 5º, inc. XXI do texto constitucional, cuja redação é a seguinte: *"as entidades associativas, quando expressamente autorizadas, têm legitimidade para representar seus filiados judicial ou extrajudicialmente"*.

Enquanto na primeira situação há um típico caso de legitimação autônoma, conforme defendido neste trabalho, no segundo caso tem-se um exemplo claro de tutela individual de direitos mediante representação processual em que, postulando direito alheio em nome alheio, a associação certamente depende da autorização daquele detentor do direito material a ser tutelado, conforme previsão expressa do citado inc. XXI, do art. 5º da Constituição.

6.2.4 Legitimidade ativa de outros entes: partidos políticos, sindicatos e comunidades indígenas

A doutrina questiona se os legitimados trazidos pela Lei da Ação Civil Pública seriam somente os previstos no art. 5º, ou se tal enumeração seria apenas exemplificativa.

O entendimento que deve prevalecer é no sentido de que a legitimidade ativa para a tutela coletiva de direitos deve sempre

---

[233] Sobre as restrições trazidas pelo art. 2º-A da Lei 9.494/97, trata-se com maior propriedade no tópico 8.2.4. deste trabalho.

estar prevista expressamente em lei, consoante o critério *ope legis* adotado pelo legislador brasileiro. Isso não significa dizer que somente a Lei da Ação Civil Pública deva servir de fonte para a solução da questão, eis que há outros diplomas normativos já citados nesse trabalho que conferem legitimidade ativa para o ajuizamento de ação civil pública a outras pessoas.

No que se refere aos partidos políticos, apesar de não figurarem expressamente como entes legitimados à propositura da ação civil pública pela Lei 7.347/85, há vozes na doutrina no sentido de inclui-los no rol dos legitimados.

Ao tratar do tema, Lúcia Valle Figueiredo fundamenta o seu entendimento favorável à legitimação do partido político para a propositura da ação civil pública: *"Concluímos que, mesmo na ação civil pública, tenha o Partido Político legitimidade porque, ao tratar da competência do Ministério Público para as ações previstas neste artigo não impede a de terceiros, nas mesmas hipóteses, segundo o disposto nesta Constituição e na lei"*[234].

Por outro lado, não parece ser este o melhor raciocínio. Se se admitir a legitimidade ativa para ajuizar a ação civil pública a um ente sem previsão legal, pode-se chegar ao extremo de se admitir o cidadão como legitimado ativo.

Portanto, por ausência de previsão legal expressa, parece ser mais coerente o posicionamento no sentido de negar a legitimidade ativa do partido político para ajuizar uma ação civil pública.

Quanto aos sindicatos, há entendimento doutrinário no sentido de que podem ser considerados uma espécie do gênero associação[235]. Sobre o assunto Celso Antonio Pacheco Fiorillo enuncia:

Nessa seara, vale frisar que com o advento da Constituição Federal de 1988 os sindicatos não são mais controlados pelo go-

---

[234] FIGUEIREDO, L. V. **Mandado de Segurança**. 2. ed. São Paulo: Malheiros, 1997. p. 40.

[235] FIORILLO, C. A. P. **Curso de direito ambiental brasileiro**. 4. Ed. São Paulo: Saraiva, 2003. p. 301.

verno, de sorte que têm natureza e personalidade jurídicas de associação, podendo igualmente, mover ações coletivas para a defesa do meio ambiente, observadas os demais requisitos legais para que se reconheça essa legitimidade[236].

No caso dos sindicatos, a Constituição aduz: *"a defesa dos interesses coletivos ou individuais da categoria, inclusive em questões judiciais e administrativas"*, conforme redação do inc. III do art. 8º, como ressalta Luiz Paulo da Silva Araújo Filho, a saber:

*No que concerne aos sindicatos, reza o inc. III do art. 8º da Carta Magna que "ao sindicato cabe a defesa dos interesses coletivos ou individuais **da categoria**, inclusive em questões judiciais e administrativas." Da expressão por nós grifada surgem duas considerações: em primeiro lugar, a referência constitucional estendeu a legitimação extraordinária dos sindicatos, que agora podem defender os interesses coletivos ou individuais da **categoria**, e não mais exclusivamente "os interesses individuais **dos associados**", como dispunha a alínea "a" do art. 513 da CLT*[237].

Dessa forma, a defesa coletiva patrocinada pelos sindicatos em relação aos interesses de sua categoria está autorizada pelo texto constitucional, não sendo lógico que não pudesse fazer uso da ação civil pública como instrumento para a defesa de tais interesses coletivamente.

Ao tratar do tema Pedro da Silva Dinamarco, com muita propriedade, expõe:

Os sindicatos são legitimados para a propositura da ação civil pública, apesar de a Lei 7.347, de 24.07.1985, e do Código de Defesa do Consumidor nada disporem a respeito, e para impetrar mandado de segurança individual e coletivo. Afinal, além de

---

[236] Idem. Ibidem, p. 300.
[237] ARAÚJO FILHO, L. P. S. **Ações Coletivas**: A Tutela dos Direitos Individuais Homogêneos. Rio de Janeiro: Forense, 2000. p. 96.

não poder haver contrariedade à Constituição Federal, os sindicatos têm natureza de associação civil[238].

Convém destacar, no entanto, que a teor da interpretação do art. 8º, inc. III da Constituição Federal, a legitimidade do sindicato ficará adstrita à defesa dos interesses de sua categoria, o que não significa dizer que versem apenas sobre aspectos ligados à relação de emprego.

Portanto, o sindicato encontra-se inserido no sistema da Ação Civil Pública e deve ser considerado como ente legitimado a instrumentalizar o acesso à jurisdição coletiva.

Outro legitimado a propositura da ação civil pública que não está inserido no rol do art. 5º da Lei da Ação Civil Pública são as comunidades indígenas. Parece que a redação do art. 232[239] não nos deixa dúvida de que as comunidades e organizações indígenas podem sim ser legitimadas ativas na propositura de uma ação civil pública para proteger os seus direitos e interesses.

---

[238] DINAMARCO, P. *Op. cit.*, p. 253.
[239] **CF, art. 232**. *Os índios, suas comunidades e organizações são partes legítimas para ingressar em juízo em defesa de seus direitos e interesses, intervindo o Ministério Público em todos os atos do processo.*

7

O MANDADO DE SEGURANÇA COLETIVO

O instituto do mandado de segurança nasceu com a intenção de proteger os indivíduos de eventuais abusos que a Administração Pública, por intermédio de seus agentes, pudesse cometer contra os mesmos. Desta forma, a sua procedência está intimamente relacionada ao direito administrativo.

No Brasil, antes mesmo da existência da ação do mandado de segurança, já existiam alguns mecanismos de proteção contra eventual lesão sofrida pelo particular em decorrência de ato praticado por agente público: i) ação sumária especial de invalidade ou anulação de atos administrativos[240]; ii) *habeas corpus; iii*) interditos possessórios[241].

Os meios processuais acima apontados, em um certo momento da história, passaram a ser utilizados de forma descontrolada e inadequada a sua própria natureza jurídica, em razão da inexistência de um outro remédio processual capaz de suprir as necessidades vivenciadas nas relações entre Estado e particular então existentes.

O legislador da época, ao perceber que os institutos do *habeas corpus* e dos *interditos* estavam sendo excessivamente utiliza-

---

[240] Introduzida pela Lei 221, de 1894.
[241] PACHECO, *op. cit.*, p. 86.

dos, tratou de tentar impedir tal prática, conforme lição de José Cretella Junior:

> *Os **interditos** e os **habeas corpus** eram empregados, abusivamente, a todo o momento. Procurou-se restringir o uso do **habeas corpus**. Assim, a reforma constitucional de 1926, procurando evitar o abuso que se fazia do instituto do **habeas corpus**, limitou-o apenas à **liberdade de locomoção**, prescrevendo no capítulo dedicado à declaração dos direitos, art. 72, § 22: "Dar-se-á o **habeas corpus** sempre que alguém sofrer ou se achar em iminente perigo de sofrer violência de locomoção*[242].

E como bem salientou José da Silva Pacheco, ao tratar das origens do mandado de segurança: *"Daí resultou a primeira síntese, alçada ao nível constitucional, de que cabe o mandado de segurança, quando não couber o **habeas corpus**, para a defesa de direitos individuais translúcidos, contra atos ilegais ou abusivos de qualquer autoridade"*[243].

Na tentativa de se criar um remédio jurídico distinto do *habeas corpus* e dos *interditos*, destinado à tutela dos direitos feridos por atos abusivos do Poder Público, nasceu, em 1914, a primeira sugestão concreta de autoria de Alberto Torres com a denominação de mandado de garantia[244].

---

[242] CRETELLA JUNIOR, J. **Mandado de Segurança Coletivo**. 3. ed. Rio de Janeiro: Forense, 1999. p. 38.

[243] *Idem. Ibidem.*

[244] O projeto de Alberto Torres tinha a seguinte redação: *"É criado o mandado de garantia, destinado a fazer consagrar, respeitar, manter ou restaurar, preventivamente, os direitos individuais ou coletivos, públicos ou privados, lesados por ato do poder público ou particulares, para os quais não haja outro remédio especial. **Parágrafo único**. Este mandado só poderá ser expedido, depois de ouvido o Conselho Nacional, ou outro órgão competente do poder coordenador quando ao direito lesado for de natureza essencialmente política, interessar diretamente à independência dos outros poderes públicos, ou quando a lesão resultar de ato daquele poder. No exercício desta atribuição, competirá ao órgão competente do poder coordenador, decidir sobre o critério político e administrativo, o ponto de interesse público ou governamental envolvido na causa"*. Apud CRETELLA JUNIOR, José. **Mandado de Segurança**. 3. ed. Rio de Janeiro: Forense, 1999. p. 38.

Posteriormente, por ocasião de Congresso Jurídico realizado em 1922 no Rio de Janeiro, Edmundo Muniz Barreto iniciou um movimento a favor da criação do instituto do mandado de segurança, que acabaria com a apresentação do primeiro Projeto de Lei a se referir expressamente ao mencionado remédio judicial.

Por essa razão, parte expressiva da doutrina atribui aos interditos possessórios e ao *habeas corpus* a origem do mandado de segurança, considerando-o, desta forma, criação brasileira.

Por outro lado, sustentam alguns poucos juristas que a origem do mandado de segurança estaria mais ligada às experiências mexicanas dos "juicios de amparo" e aos *writs* norte-americanos[245].

Em relação ao mandado de segurança coletivo, entretanto, criado com o advento da Constituição Federal de 1988, juristas comumente o desvinculam historicamente do direito mexicano ou norte-americano, conforme lições de Hermes Zaneti Júnior, que ao abordar o tema, discorre:

> *Já quanto à relação entre os institutos na tutela de direitos coletivos, não existe uma aproximação entre o amparo mexicano e o mandado de segurança coletivo, como sistemas positivos, que legitime afirmar que um se ligue à idéia de defesa dos direitos fundamentais e cedo evoluiu para a tutela dos direitos difusos, enquanto, no Brasil, o mandado de segurança coletivo se liga à defesa dos direitos constitucionais e também dos direitos estabelecidos na legislação ordinária*[246].

Quanto aos *writs* norte-americanos, o autor supracitado também enumera inúmeras diferenças entre tais institutos e o mandado de segurança coletivo brasileiro, diferenças estas que afastariam a tese de que teriam sido eles os responsáveis pelo nascimento do mandado de segurança coletivo no Brasil, senão veja-se:

---

[245] REMÉDIO, J. A. **Mandado de Segurança Individual e Coletivo**. São Paulo: Saraiva, 2002. p. 113.

[246] ZANETI JÚNIOR, H. **Mandado de Segurança Coletivo – Aspectos processuais controversos**. Porto Alegre: Sergio Antonio Fabris, 2001. p. 38.

*Podem-se apontar algumas dessemelhanças mais profundas. No sistema americano: 1) a avaliação do cabimento ou não da **class action** parte de critérios casuísticos; 2) a legitimação é controlada pelo juiz (**defining fucntion**), pelo chamado sistema da "adequada representação" incluindo, aí, a possibilidade de, no curso do processo, o juiz julgar inadequada a representação preliminarmente aceita; 3) a coisa julgada atinge a todos os indivíduos membros da **class**, independentemente do resultado do litígio. Em comparação ou contrapartida, no sistema nacional: 1) a "adequada representação" não é adotada, mas sim critérios objetivos, como o da pré-constituição e a existência legal, determinando a lei expressamente os legitimados (no caso do mandado de segurança aos partidos políticos, sindicatos, entidades de classe e associações); 2) a legitimação aferida **in limini litis** com a subsunção do caso posto à regra geral (verificação da existência do "representante" no rol de entidades descritas na lei, como autorizadas, e do preenchimento dos requisitos legais); 3) a extensão da eficácia subjetiva da sentença e a coisa julgada ocorrem somente em benefício dos membros da classe, individualmente considerados (CDC, art. 103)*[247].

Em sentido contrário, têm-se as lições de José Antonio Remédio abaixo transcritas: *"O **juicio de amparo** mexicano há muito tempo permitia que entidade classista defendesse direito ou mesmo interesses de seus associados, fenômeno também conhecido no direito norte-americano, por intermédio das denominadas **class** ou **representattve actions** e das **class suits**"*[248].

A discussão sobre a origem do mandado de segurança, se adveio das experiências com os institutos do *habeas corpus e interditos* brasileiros ou se das experiências mexicanas e norte-americanas, ainda persiste.

Isso porque não há dúvida de que todos os institutos jurídicos, nacionais ou estrangeiros da época, influenciaram a criação do mandado de segurança; afinal, é dever do legislador pesquisar e buscar subsídios nas experiências já existentes na tentativa de criar

---

[247] Idem. Ibidem, p. 41.
[248] REMÉDIO, *op. cit.*, p. 497.

institutos capazes de tutelar adequadamente novas situações fáticas em relação às quais não havia instrumento processual adequado e apto a solucioná-las.

7.1 Evolução do mandado de segurança coletivo na legislação brasileira

Conforme visto acima, o nascimento do instituto jurídico do mandado de segurança é atribuído por alguns ao direito norte-americano, por outros ao direito mexicano e, pela maioria dos juristas brasileiros, sem qualquer inclinação ufanista, ao direito brasileiro.

Como se disse, no Brasil, a primeira tentativa de inclusão na legislação pátria do instituto deu-se no Congresso Jurídico de 1922 no Rio de Janeiro, oportunidade em que nasceu a proposta de lei tendente a criar o então denominado "mandado de garantia" que, entretanto, não chegou a ser aprovada.

Assim, o surgimento do mandado de segurança individual na legislação brasileira ocorreu já em nível constitucional, com o advento da Constituição de 1934, uma vez que as Constituições de 1824 e de 1891 foram omissas em relação ao tema.

A Constituição de 1934 dispôs em seu art. 113, § 33 o seguinte:

> *Dar-se-á mandado de segurança para defesa do direito, certo e incontestável, ameaçado ou violado por ato manifestamente inconstitucional ou ilegal de qualquer autoridade. O processo será o mesmo do* **habeas corpus**, *devendo ser sempre ouvida a pessoa de direito público interessada. O mandado não prejudica as ações petitórias competentes.*

Após a inserção do instituto do mandado de segurança na Constituição de 1934, foi editada por Getúlio Vargas a Lei 191, de 16.01.1936, que teve como finalidade a regulamentação do mandado de segurança, fixando, dentre outras questões, a legitimidade ativa para a ação[249].

A Constituição de 1937 foi omissa quanto à ação mandamental, todavia, em razão de o texto constitucional não a ter revogado expressamente, surgiram vozes na doutrina no sentido de considerá-la ainda inserida no ordenamento jurídico vigente à época.

Veja-se o comentário de José Cretella Junior nesse sentido:

> *Em 1937, o mandado de segurança "baixou" à categoria de **medida ordinária processual**, já que a Carta de 10 de novembro do mesmo ano, outorgada pelo governo ditatorial de Getúlio Vargas, por ocasião do golpe de Estado, silenciou a respeito do instituto, sem contudo revogá-lo de maneira expressa, deixando-o, porém, sob a regência da Lei Federal Ordinária 191, do ano anterior*[250].

Para sanar as dúvidas a respeito da utilização do mandado de segurança, foi expedido o Dec.-lei 6, de 16.11.1937, também editado por Getúlio Vargas, mantendo o *writ* no direito pátrio, descido da seara constitucional para a exclusivamente infraconstitucional. Dadas as características autoritárias do Estado Novo, a utilização do mandado de segurança acabou sendo restringida pelo Presidente da República, que no mencionado Decreto-lei proibiu o seu

---

[249] *Lei 191/36, art. 6º. Só o titular de direito certo e incontestável, ameaçado ou violado, poderá, por pessoa habilitada na forma do Decreto 20.784, de 14.11.1931, com as modificações ulteriores, requerer mandado de segurança. § 1º Sempre que o direito ameaçado ou violado seja: certo e incontestável, mas não se tenha individualizado titular respectivo, cabendo, indeterminadamente, a uma mais dentre determinadas pessoas, qualquer destas poderá votar mandado de segurança para que o mesmo direito seja garantido a alguma delas. § 2º Quem tiver o seu direito corto e incontestável, ameaçado ou violado, em conseqüência de ameaça ou violação feita a direito igualmente certo e incontestável de terceiro, poderá notificar, oportunamente, esse mesmo terceiro para que impetre mandado de segurança, afim de salvaguardar seu direito, sob pena de responder pela plena indenização das perdas e danos decorrentes da omissão.*

[250] CRETELLA, *op. cit.*, p. 44.

uso contra atos editados pelo Presidente da República, Ministros, Governadores e Interventores[251].

A Constituição de 1946 novamente elevou o instituto ao nível constitucional, prevendo sua utilização contra quaisquer autoridades públicas, ao disciplinar em seu art. 141, § 24, que *"para proteger direito líquido e certo não amparado por **habeas corpus**, conceder-se-á mandado de segurança, seja qual for a autoridade responsável pela ilegalidade ou abuso de poder"*.

Foi sob a égide da Constituição de 1946, sem as restrições peculiares dos regimes ditatoriais, que sobreveio a regulamentação do mandado de segurança, o que se deu por meio da Lei 1.533, publicada no último dia do ano de 1951, recepcionada pelas Constituições de 1967 e pela atual Constituição Federal, portanto, em vigor até hoje, apesar das alterações que sofreu no decorrer dos anos[252].

Tal diploma normativo (Lei 1.533/51), dada a sua importância, é conhecido na doutrina e jurisprudência como a "Lei do Mandado de Segurança".

Apesar de os dispositivos até então citados referirem-se exclusivamente ao mandado de segurança individual, foram eles que abriram caminho para que as legislações infraconstitucionais passassem a conter previsões legais autorizando a defesa dos interesses coletivos em juízo, conforme citado em artigo publicado por Lourival Gonçalves de Oliveira[253].

---

[251] *Dec.-lei 6/37, art. 16. do Continua em vigor o remédio do mandado de segurança, nos termos da Lei 191 de 16.01.1936, exceto a partir de 10.11.1937, quanto aos atos do Presidente da República e dos ministros de Estado, Governadores e Interventores.*

[252] A Lei 4.166 de 04.12.1962 alterou os arts. 6º e 7º, obrigando a entrega de documentos comprobatórios do direito e facilitando a notificação da autoridade coatora; a Lei 4.348 de 26.06.1964 alterou alguns prazos e impediu a concessão de liminar em caso de reclassificação de funcionários; a Lei 4.357 de 01.07.1964 vedou a concessão de medida liminar contra a Fazenda Pública, mas foi revogada pela Lei 4.862 de 29.11.1965; a Lei 6.014 de 27.12.1973 e Lei 6.071 de 03.07.1974, adaptaram a Lei 1.533/51 ao Código de Processo Civil.

[253] OLIVEIRA, L. G. Interesse Processual e Mandado de Segurança Coletivo. **Revista de Processo** n. 56, a. 14, 1989. p. 77.

A Consolidação das Leis do Trabalho, de 01.05.1943, em vigor até hoje, já previa em seu art. 513 que eram prerrogativas dos sindicatos "*representar, perante as autoridades administrativas e judiciárias, os interesses gerais da respectiva categoria ou profissão liberal ou os interesses individuais dos associados relativos à atividade ou profissão exercida*". E ainda, em seu art. 511, § 1º, estabelecia desde aquela época que "*a solidariedade de interesses econômicos dos que empreendem atividades idênticas, similares ou conexas, constitui o vínculo social básico*".

Tais dispositivos, segundo o autor acima citado, já viabilizavam a defesa de interesses coletivos no âmbito das relações laborais, que mais tarde viriam a ser tutelados pelo mandado de segurança coletivo.

É importante ressaltar que a legitimidade no caso das ações trabalhistas era permitida exclusivamente para a defesa dos direitos laborais, não podendo tais entes demandarem em face das autoridades públicas na tutela de outros direitos.

O antigo Estatuto da Ordem dos Advogados do Brasil (Lei 4.215/63) também criou um precedente em nossa legislação ao dispor, no parágrafo único do art. 1º, que "*cabe à Ordem representar, em juízo e fora dele, os interesses gerais da classe dos advogados e os individuais, relacionados com o exercício da profissão*".

Mesmo com as experiências trazidas pela legislação infraconstitucional, a Constituição de 1967 não contemplou o mandado de segurança coletivo, tendo, aliás, até mesmo acrescentado o vocábulo *individual* como forma de limitar a impetração do mandado de segurança exclusivamente para tutelar direitos individuais.

Nesse sentido dispôs a Constituição de 1967, em seu art. 150, § 22: "*Conceder-se-á mandado de segurança, para proteger direito **individual** líquido e certo não amparado por **habeas corpus**, seja qual for a autoridade responsável pela ilegalidade ou abuso de poder*". (sem grifo no original)

Apesar da ausência de previsão constitucional expressa na Carta de 1967, a jurisprudência e a legislação infraconstitucional, também foram de fundamental importância para criação do mandado de segurança coletivo, pois a princípio os tribunais brasileiros somente permitiam a atuação dos sindicatos e associações de classes no juízo trabalhista em defesa de direitos laborais de seus associados.

São indicados como precedentes jurisprudenciais da concessão de legitimidade às associações e demais entes hoje previstos na Constituição de 1988 para ajuizamento de mandado de segurança, as decisões proferidas no Mandado de Segurança 18.428[254] e no Mandado de Segurança 20.170[255].

Com os avanços das relações sociais e a flagrante necessidade de reestruturação das garantias fundamentais para tutela coletiva de direitos, a Constituição de 1988 optou por deixar expressa a possibilidade de os sindicatos, associações, entidades de classe e partidos políticos impetrarem mandado de segurança em defesa dos direitos de seus associados, para não mais dar margem a discussões perante os tribunais.

Assim, foi a Constituição de 1988 que inseriu a modalidade do mandado de segurança coletivo, em seu art. 5º, inc. LXX, com a seguinte redação:

---

[254] MS 18.428, publicado em 19.08.1970, requerente: Sindicato de Navios do Estado da Guanabara e requerido: Exmo. Sr. Presidente da República. Ementa: **Mandado de Segurança**. *Corretores de Navios. 1) Tendo individualidade própria as pessoas jurídicas, têm, como tal, legitimação ativa para impetrar mandado de segurança; 2) Embora não caiba o remédio heróico contra a lei em tese, tem o Supremo Tribunal Federal entendido ser o mesmo admissível quando o ato, por si só, pode produzir ato lesivo ao direito do impetrante; 3) Se não houve alteração substancial entre os arts. 60 e 1º, respectivamente, dos Decretos 59.832, de 21.12.1966, e 61.336 de 12.9.67, aquele mero Regulamento de DL 5, de 04.04.1966, no tocante ao exercício das atribuições de corretor de navios, líquido e certo não se apresenta o direito a que se arrogam os requerentes do presente mandado de segurança, impetrado mais de ano e meio após a edição deste último diploma; 4) Inexistência, ademais, de contrariedade ao art. 150, § 23, da Constituição Federal; 5)* **Writ** *indeferido.*

[255] MS 20.170, publicado em 30.03.1979, requerentes: Ordem dos Advogados do Brasil – Secção de São Paulo e outros, requerido: Sr. Presidente da República. Ementa: **Ordem dos Advogados**. *Autorizada pelo Estatuto a representar em juízo e fora dele os interesses gerais da classe (Lei 4.215 de 27.04.1963, art. 1º, § 1º), não se pode recusar à Ordem dos Advogados legitimidade para requerer mandado de segurança contra ato lesivo à coletividade dos advogados.*

Art. 5º. [...] **LXX** – *O mandado de segurança coletivo pode ser impetrado por: a) partido político com representação no Congresso Nacional; b) organização sindical, entidade de classe ou associação legalmente constituída e em funcionamento há pelo menos um ano, em defesa dos interesses de seus membros ou associados.*

Ao mesmo tempo, a Carta Magna manteve o dispositivo que tratava do mandado de segurança individual, em seu art. 5º, inc. LXIX, dispondo:

Art. 5º. [...] **LXIX** – *Conceder-se-á mandado de segurança para proteger direito líquido e certo, não amparado por **habeas corpus** ou **habeas data**, quando o responsável pela ilegalidade ou abuso de poder for autoridade pública ou agente de pessoa jurídica no exercício de atribuições do Poder Público.*

Atualmente, vê-se com freqüência a impetração coletiva do mandado de segurança pelos legitimados autorizados pela Constituição Federal de 1988, nada obstante não se tenha, na legislação infraconstitucional, um diploma normativo estatuindo as regras processuais e procedimentais que devem ser adotadas no caso, fazendo com que a doutrina e jurisprudência apliquem, ao mandado de segurança coletivo, as normas da Lei 1.533/51 (que tutela o mandado de segurança individual), com as regras inerentes à tutela coletiva de direitos genericamente previstas na Lei da Ação Popular (Lei 4.717/65), na Lei da Ação Civil Pública (Lei 7.347/85), no Código Defesa do Consumidor (Lei 8.078/90) e, subsidiariamente, como não poderia deixar de ser, no Código de Processo Civil.

7.2 Legitimidade ativa do mandado de segurança coletivo

A legitimidade ativa no mandado de segurança coletivo é um dos temas de maior relevo no estudo desse instituto. E justamente devido a sua relevância é que o tema é um dos mais controvertidos na doutrina e jurisprudência.

É importante destacar que o estudo da legitimidade ativa do mandado de segurança coletivo, bem como nos demais casos que tratem de interesses coletivos *lato sensu*, retrata uma tentativa de se promover a adequada representatividade dos entes escolhidos pelo legislador, e não mero apego ao formalismo, como querem fazer crer alguns juristas.

De início, mister consignar-se que os legitimados ativos para o mandado de segurança coletivo estão disciplinados na própria Carta Magna, que estabelece expressamente quais as pessoas aptas a implementarem esta condição da ação. Nesse sentido, o já transcrito art. 5º, inc. LXX, da Constituição Federal, dispõe que são legitimados a impetrar o mandado de segurança coletivo: i) o partido político com representação no Congresso Nacional; ii) a organização sindical; iii) a entidade de classe; ou iv) associação legalmente constituída e em funcionamento há pelo menos um ano, em defesa dos interesses de seus membros ou associados.

Apesar de a Constituição limitar aos sindicatos, partidos políticos, associações e entidades de classes a legitimação à impetração do *mandamus* coletivo, a sua simples previsão constitucional já revela a tendência mundial no sentido de ampliar o leque dos legitimados à propositura de ações que visem à tutela de interesses coletivos.

Isso porque a sociedade de massa não permite mais que o processo seja analisado apenas de forma individualista, sob pena de não mais alcançar os seus objetivos, que deve ser o de dar, na medida do possível, a quem tem um direito, tudo aquilo e exatamente aquilo que se tem direito de conseguir.

Sobre o assunto José Rogério Cruz e Tucci aduz:

> *Note-se que, acompanhando as atuais tendências de socialização do processo, destacadas no início dessa pesquisa, no sentido da admissão de controvérsias supra-individuais sobre relação jurídica, não estreitamente individualizadas, mas versando acerca de interesses de grupos ou categorias de pessoas, o legislador constituinte brasileiro, no inc. LXX do art. 5º da atual Constituição Federal, ampliou o âmbito de atuação do mandado de segurança,* **verbis**: *a) partido político com representação no Congresso Nacio-*

nal; b) organização sindical, entidade de classe ou associação legalmente constituída e em funcionamento há pelo menos 1 (um) ano, em defesa dos interesses de seus membros ou associados[256].

Sem dúvida alguma, a introdução no direito pátrio do mandado de segurança coletivo pela Constituição de 1988 veio possibilitar o uso do *writ* como instrumento de defesa dos interesses coletivos, rompendo mais uma vez o forte apego aos pressupostos individualistas que predominam no sistema jurídico pátrio.

Por outro lado, não obstante a Constituição Federal ter relacionado os entes que estariam legitimados a impetrar o mandado de segurança coletivo, a doutrina e a jurisprudência têm levantado a hipótese de que tal enumeração não seria taxativa, mas meramente exemplificativa.

Marcelo Navarro Ribeiro Dantas[257], ao analisar o dispositivo constitucional, registra o seu entendimento no sentido de que o elenco nele contido não exclui a titularidade do *writ* coletivo pelo Ministério Público.

Discordando da tese acima mencionada, José Rogério Cruz e Tucci[258] inclina seu entendimento no sentido de que o mandado de segurança coletivo somente pode ser impetrado pelas entidades arroladas expressamente no art. 5º, inc. LXX, da Constituição Federal, sob pena de inconstitucionalidade.

Sebastião de Oliveira Lima partilha do mesmo entendimento e enuncia que: *"A legitimação para requerer o mandado de segurança é apenas daquelas pessoas que a Constituição expressamente prevê no art. 5º, inc. LXX. São **numerus clausus**, a meu ver, é taxativa essa enumeração e não pode ser a meu ver, incluída outra pessoa"*[259].

---

[256] TUCCI, J. R. C. *"Class Action"* e **Mandado de Segurança Coletivo**. São Paulo: Saraiva, 1990. p. 37.
[257] DANTAS, M. N. R. **Mandado de Segurança Coletivo**: legitimação ativa. São Paulo: Saraiva, 2000. p. 105.
[258] *Idem. Ibidem*, p. 49-50.
[259] LIMA, S. O. Mandado de Segurança Coletivo e seus principais problemas. **Revista Trimestral de Direito Público**, n. 3. p. 137.

No que se refere à jurisprudência, o Tribunal Pleno do Supremo Tribunal Federal já decidiu no sentido de considerar exaustiva a legitimidade prevista no art. 5º, inc. LXX da Constituição Federal[260].

A questão da possibilidade ou não, de o Ministério Público ser parte legitimada para impetrar mandado de segurança coletivo, por questões didáticas, será analisada com maior profundidade em tópico próprio.

7.2.1 Legitimidade ativa dos partidos políticos

Denota-se da redação do art. 5º, inc. LXX da Constituição Federal, que *"o partido político com representação no Congresso Nacional"* é ente legitimado a impetrar mandado de segurança coletivo.

Ocorre que tanto a doutrina como a jurisprudência vêm discutindo e chegando a soluções divergentes no que se refere ao alcance dessa legitimidade.

Discute-se, portanto, se o partido político poderia, mediante o mandado de segurança coletivo, discutir todo e qualquer direito

---

[260] MS 21.059-1, publicado em 19.10.1990, impetrante: Estado do Rio de Janeiro, autoridade coatora: Presidente da República.
Ementa: **Mandado de segurança**. *Questão de legitimidade ativa: impetração por Estado-membro contra ato do Presidente da República que aprovou projeto incentivado de indústria petroquímica, a instalar-se em outra unidade da Federação, sob alegação de prejuízo ao pólo petroquímico a instalar-se no Estado impetrante. Carência de Ação. (...) Mandado de segurança coletiva: questão de legitimidade extraordinário de Estado-membro em defesa interesses da sua população. Ao Estado-membro não se outorgou legitimação extraordinária para a defesa, contra ato de autoridade federal no exercício de competência privativa da União, seja para a tutela de interesses difusos de sua população – que é restrito aos enumerados na lei da ação civil pública Lei 7.347/85 – seja para a impetração do mandado de segurança coletivo, que é objeto de enumeração taxativa do art. 5º, LXX, da Constituição. Além de não se poder extrair mediante construção ou raciocínio analógico, a alegada legitimação extraordinária não se explicaria no caso, porque, na estrutura do federalismo, o Estado-membro não é órgão de gestão, nem de representação dos interesses de sua população, na órbita da competência privativa da União (...) (grifamos)*

de todo e qualquer cidadão, ou limitar-se-ia à discussão apenas dos direitos de seus filiados. Em outras palavras, discute-se se, em relação ao partido político, há ou não a necessidade da pertinência temática entre seus objetivos institucionais e o objeto tutelado no *mandamus* coletivo.

Para se determinar o alcance da legitimidade do partido político mister ser faz a análise do art. 1º da Lei 9.096/95. De acordo com a redação desse dispositivo da Lei Orgânica dos Partidos Políticos:

> *Art. 1º. O partido político, pessoa jurídica de direito privado,* **destina-se** *a assegurar, no interesse do regime democrático, a autenticidade do sistema representativo e* **a defender os direitos fundamentais definidos na Constituição Federal**. (sem grifo no original)

Nesse espeque, consoante lições de José Afonso da Silva, os partidos políticos podem ser entendidos como *"uma forma de agremiação de um grupo social que se propõe a organizar, coordenar e instrumentalizar a vontade popular com o fim de assumir o poder para realizar seu programa de governo"*[261].

E apenas para se ter noção da importância que foi conferida ao partido político pela atual Constituição, basta citar o art. 103, inc. VIII[262] e o art. 74, § 2º[263], que concederam legitimidade ao partido político para, respectivamente, ajuizar ação direta de inconstitucionalidade e denunciar ilegalidades ou irregularidades perante o Tribunal de Contas da União.

E justamente levando em consideração a importância da figura do partido político no cenário atual, uma parcela considerável da doutrina entende que o alcance de sua legitimação em sede de mandado de segurança deve ser o mais amplo possível.

---

[261] SILVA, *op. cit.*, p. 375.
[262] *Art. 103. III – Podem propor ação de inconstitucionalidade: (...)* **VIII** *– partido político com representação no Congresso.*
[263] *Art. 74, § 2º Qualquer cidadão, partido político ou sindicato é parte legítima para, na forma da lei, denunciar irregularidades ou ilegalidades perante o Tribunal de Contas da União.*

Veja-se o posicionamento de Cássio Scarpinella Bueno sobre a matéria:

> *Com base nisso, parece acertada a conclusão de boa parte da doutrina pelo qual poderá o partido político impetrar mandado de segurança para "muito mais do que a simples defesa dos direitos políticos **stricto sensu**, como se pode, ao primeiro súbito de vista, pensar", e então tal ação poderá ser usada para a tutela do que Carlos Ari Sundfeld denominou de legalidade objetiva*[264].

Ada Pellegrini Grinover, ao tecer comentários em relação à alínea "a" do inc. LXX do art. 5º da Constituição Federal, adotou o seguinte entendimento:

> *[...] para retirar-se do dispositivo a maior carga de eficácia, parece claro que nenhuma restrição há de ser feita. Por isso o partido político está legitimado a agir em defesa de todo e qualquer direito, seja ele de natureza eleitoral ou não. No primeiro caso, o Partido estará defendendo seus próprios interesses institucionais, para os quais se constitui. Agirá, a nosso ver, investido de legitimação ordinária. No segundo caso – quando, por exemplo, atuar para a defesa do ambiente, do consumidor, dos contribuintes – será substituto processual, defendendo em nome próprio interesses alheios. Mas nenhuma outra restrição deve sofrer quanto aos interesses e direitos protegidos: além da tutela dos direitos coletivos e individuais homogêneos, que se titularizam nas pessoas filiadas ao partido, pode o Partido buscar, pela via da segurança coletiva, aquela atinente a interesses difusos, que transcendem aos seus filiados*[265].

Na esteira de Ada Pellegrini, James Marins também entende que a interpretação do art. 5º, inc. LXX, deve ser mais abrangente,

---

[264] BUENO, C. S. A legitimidade ativa no Mandado de Segurança Coletivo. **Revista de Processo** n. 88, a. 22, 1997. p. 1999.

[265] GRINOVER, A. P. Mandado de Segurança Coletivo: Legitimação, Objeto e Coisa Julgada. **Revista de Processo** n. 58, a. 15, 1990. p. 76.

criticando aqueles que pensam de forma contrária, sobre o seguinte fundamento: *"Está-se desta forma, em verdade, acrescentando à Constituição exigências que não são explícitas, nem mesmo implícitas no nosso sentir"*[266].

Maria Sylvia Zanella Di Pietro, ao tratar do tema, aduz:

> *Qualquer dessas entidades pode ser sujeito do mandado de segurança coletivo, mas, enquanto as indicadas na alínea "b" só podem agir "em defesa dos interesses de seus membros ou associados", o partido político, em relação ao qual não se fez a mesma restrição, poderá agir na defesa de interesses que extrapolam aos dos seus membros ou associados; caso contrário, não haveria razão para mencioná-lo, separadamente, na alínea "a"*[267].

Lúcia Valle Figueiredo, a respeito do tema em discussão, menciona:

> *Não me parece que haja qualquer empeço constitucional para que o partido político defenda seus direitos que são fundamentais, por exemplo: o cerne fixo da Constituição (art. 60), que é imutável; não existe nada mais importante para a cidadania que a coletividade, para o Estado Democrático do Direito que a defesa do cerne fixo da Constituição. Por que os partidos políticos não poderiam fazê-lo, se a Constituição lhes deu legitimidade para argüição de inconstitucionalidade, se ainda lhes deu a possibilidade de postular diante do Tribunal de Contas, denunciando as irregularidades da administração pública? Vejam que existe, no texto constitucional, embasamento para se afirmar que o partido político não seja apenas para defender os direitos políticos*[268].

---

[266] MARINS, J. Ações Coletivas em Matéria Tributária. **Revista de Processo** n. 76, a. 19, 1994. p. 101.

[267] PIETRO, *op. cit.*, p. 638.

[268] FIGUEIREDO, L. V. Mandado de Segurança Coletivo. **Revista Trimestral de Direito Público** n. 3. p. 149.

Como pode ser vislumbrando, a tese favorável à ampliação do alcance da legitimidade do partido político em sede de mandado de segurança coletivo possui seguidores de peso[269].

Defendendo opinião contrária, citam-se as lições de Sérgio Ferraz, que expõe:

> *Na hipótese do inc. XXI do mesmo art. 5º, a entidade representa seus associados, em seu nome agindo: e, por isso, era taxativa a exigência de autorização expressa. Aqui, no inc. LXX, não: a entidade comparece não em representação, mas em defesa dos interesses ou direitos de seus filiados, Há, pois, legitimação direta, não intermediada, para agir. Por isso, aqui se há de cogitar de autorização expressa, mandato etc. Em suma, no inc. LXX não há caso de substituição processual, eis que também lhe são próprios, refletindo sua atuação na esfera de direitos e interesses dos filiados. E acrescenta: como não é, aqui, substituta processual (estamos, repita-se, a falar do mandado de segurança coletivo, inc. LXX do art. 5º da CF), a entidade só pode postular, pela via desse* writ, *direitos e interesses dos filiados, cuja tutela constitua finalidade da própria pessoa jurídica*[270].

No mesmo sentido J. J. Calmon de Passos argumenta:

> *Permitir-se, portanto, a legitimação ampla das entidades para atuarem em nome próprio na defesa de interesses individuais, mesmo quando interesses de muitos, por isso revestidos de uma dimensão social inocultável, seria, parece-nos evidente, além de instalar-se o germe da insegurança e da tirania. E esses não são objetivos deferíveis a um ordem jurídica, muito menos inferíveis dela, se ela se autodenomina democrática e pluralista*[271].

---

[269] Neste sentido ainda: Lourival Gonçalves de OLIVEIRA, RePro 56/80; Nelson NERY JUNIOR RePro 57/154; Celso Agrícola BARBI. **Do mandado de Segurança**. 7. ed. Rio de Janeiro: Forense, 1993. p. 295.

[270] FERRAZ, S. **Mandado de Segurança (individual e coletivo), Aspectos polêmicos**. São Paulo: Malheiros, 1992. p. 38-39.

[271] PASSOS, J. J. C. **O mandado de segurança coletivo, mandado de injunção, habeas data**. Rio de Janeiro: Forense, 1989. p. 21.

O autor supracitado ainda acrescenta: "*A legitimação sem fronteiras que seja reconhecida aos partidos políticos significará o caos, além de transferir para o âmbito do Judiciário (arena inadequada) a luta política que deve ser levada a cabo em outro campo*"[272].

Para solucionar a questão, J. J. Calmon de Passos entende que a legitimação dos partidos políticos para a defesa de interesses que vão além de seus filiados somente poderia ocorrer com a aquiescência das entidades representativas dos indivíduos a que se vinculam o interesse a ser tutelado. E acrescenta: "*Só na hipótese de inexistência dessas entidades é que os partidos teriam legitimidade direita, podendo impetrar mandados de seguranças coletivo, assumindo a representatividade desses interesses ainda não devidamente organizados*"[273].

Atente-se que, segundo o entendimento de J. J. Calmon de Passos, o partido político teria legitimidade para impetrar mandado de segurança coletivo para defender direitos de natureza política e, apenas quando devidamente autorizado, é que poderia tutelar outros direitos (art. 5º, inc. XXI).

A posição adotada por J. J. Calmon de Passos não parece ser a melhor solução, pois tanto a Constituição Federal como a Lei Orgânica dos Partidos Políticos evidenciam que cabem aos partidos políticos a defesa do regime democrático, do sistema representativo e dos direitos fundamentais consagrados pela Carta Magna (art. 1º).

Assim sendo, não se pode exigir mais do que o próprio texto constitucional, ou seja, em se tratando de partido político, não há nenhuma previsão de que os interesses tutelados somente poderão ser aqueles de seus membros ou associados, como previsto no caso das organizações sindicais, entidades de classe e associações.

E não se trata de violação à representatividade adequada, pois como visto, a Lei Orgânica dos Partidos Políticos, ao tratar de seus objetivos e finalidades institucionais e atribuir a eles a com-

---

[272] *Idem. Ibidem.*
[273] *Idem. Ibidem*, p. 22.

petência para "*defender os direitos fundamentais definidos na Constituição Federal*", acabou por ampliar sobremaneira o espectro de atuação dos partidos políticos, o que garante a presença da pertinência temática como um dos aspectos necessários da representatividade adequada.

Ademais, pela própria natureza do partido político a vinculação dos interesses a serem tutelados apenas àqueles de seus membros e associados não faria sentido, como bem explicado por Teori Albino Zavascki:

> *Com efeito, as associações – sindicais, classistas e outras – têm como razão existencial o atendimento de interesses ou de necessidades de seus associados. Seu foco de atenção está, portanto, voltado diretamente para seus associados que, por sua vez, a ela confluíram justamente para receber a atenção e o atendimento de necessidade ou de interesse próprio e particular. É natural, portanto, e apropriado à natureza dessas entidades, que, ao legitimá-las para impetrar mandado de segurança, o constituinte tenha estabelecido como objeto da demanda a defesa dos interesses dos próprios associados, limitação inteiramente compatível com o móvel associativo. O que ocorre nos Partidos Políticos, entretanto, é um fenômeno associativo completamente diferente. Os Partidos Políticos não têm como razão de ser a satisfação de interesses ou necessidades particulares de seus filiados, nem são eles o objeto das atividades partidárias. Ao contrário das demais associações, cujo objeto está voltado **para dentro de si mesmas**, já que ligado diretamente aos interesses dos associados, os Partidos Políticos visam a **objetivos externos**, só remotamente relacionados a interesses específicos de seus filiados. [...] Por conseguinte, os filiados ao Partido são, na verdades, **instrumentos** das atividades e das bandeiras partidárias, e não o objeto delas. O objeto das atenções partidárias são os membros da coletividade em que atuam, independentemente da condição de filiados. É bem compreensível, pois, e bem adequada à natureza dos Partidos, a sua legitimação para impetrar segurança coletiva, mesmo em defesa de direitos de não-filiados*[274].

---

[274] ZAVASCKI, T. A. Defesa de Direitos Coletivos e Defesa Coletiva de Direitos. **Revista Jurídica** n. 212, 1995. p. 23.

Finalmente, a questão da necessidade de representação no Congresso Nacional não traz maiores dificuldades, uma vez que o artigo da Constituição Federal foi expresso neste sentido, conforme lição de Ada Pellegrini Grinover: "*A alínea 'a' do dispositivo refere-se a **partido político com representação no Congresso Nacional**. A legitimação é ampla e só pode sofrer a restrição decorrente do texto constitucional, consistente na **falta** de representação no Congresso Nacional*"[275].

7.2.2 Legitimidade ativa das organizações sindicais

Os sindicatos, mesmo antes do advento na atual Carta Magna, possuíam legitimidade para impetrar mandado de segurança na defesa de seus membros relativamente aos direitos trabalhistas, conforme art. 513, alínea "a" da Lei 5.452/43 (CLT) já citado neste trabalho.

Ao tratar dos sindicatos, o diploma legal supracitado estabelece naquele dispositivo que são suas prerrogativas: "*representar, perante as autoridades administrativas e judiciárias, os interesses gerais da respectiva categoria ou profissão liberal ou dos interesses individuais dos associados relativos à atividade ou profissão exercida*".

E mais adiante:

Art. 511. *É lícita a associação para fins de estudo, defesa e coordenação dos interesses econômicos ou profissionais de todos os que, como empregadores, empregados, agentes ou trabalhadores autônomos, ou profissionais liberais, exerçam, respectivamente, a mesma atividade ou profissão ou atividades ou profissões similares ou conexas.*

Verifica-se que a CLT traçou as prerrogativas do sindicato, dentre as quais se incluem a de representar os interesses gerais de

---

[275] GRINOVER, A. P. Mandado de Segurança Coletivo: Legitimação, Objeto e Coisa Julgada. **Revista de Processo** n. 58, a. 15, 1990. p. 76.

sua categoria ou profissão e os interesses individuais dos seus associados relativos também às atividades por eles exercidas perante os órgãos administrativos e judiciários.

Na Constituição de 1988 os sindicatos adquiriram a importância por eles almejada, dispondo o já citado art. 8º, inc. III, que *"ao sindicato cabe a defesa dos direitos e interesses coletivos ou individuais da categoria, inclusive em questões judiciais ou administrativas"*.

Além do citado art. 8º, o art. 74, § 2º do diploma constitucional também contemplou o sindicato com a legitimidade para denunciar irregularidades ao Tribunal de Contas da União, bem como, a possibilidade de propor ação direta de inconstitucionalidade, conforme art. 103, inc. IX, desde que participante de confederação sindical.

Corroborando os demais dispositivos, a Carta Magna também assegurou aos sindicatos a legitimidade ativa para impetração do mandado de segurança coletivo (CF/88, art. 5º, inc. LXX, alínea "b").

Questiona-se, entretanto, sobre a necessidade ou não, da autorização dos trabalhadores filiados ao sindicato para que este possa exercer o seu direito de ação em relação ao mandado de segurança coletivo. Tal dúvida advém da redação do artigo acima citado, ao disciplinar que *"as entidades associativas, quando expressamente autorizadas, têm legitimidade para representar seus filiados judicial ou extrajudicialmente"* (CF/88, art. 5º, inc. XXI).

O Supremo Tribunal Federal já decidiu, em seção plena, que não há a necessidade de autorização expressa aludida no inc. XXI do art. 5º da Constituição dos sindicalizados em sede de mandado se segurança coletivo[276]. Os demais tribunais também têm decidido nesse mesmo sentido[277].

---

[276] Ementa: **Constitucional. Processo Civil. Mandado de Segurança Coletivo. Substituição Processual. Autorização Expressa. Objeto a ser protegido pela segurança coletiva. CF, art. 5º, LXX, "b".** *I – a legitimação das organizações sindicais, entidades de classe ou associações, para a segurança coletiva, é extraordinária, ocorrendo, em tal caso, substituição processual. CF, art. 5º, LXX. II – Não se exige, tratando-se de segurança coletiva, a*

José Rogério Cruz e Tucci, citando a experiência da *class action*, entende ser desnecessária a autorização dos filiados ao sindicato para o ajuizamento do mandado de segurança coletivo, no entanto, sugere que todos eles sejam cientificados para que não seja violada a garantia do devido processo legal e para que cada integrante possa exercer até mesmo o seu direito de exclusão da lide[278].

Ada Pellegrini Grinover também é partidária da tese de que não há a necessidade de autorização expressa no caso de os sindicatos impetrarem mandado de segurança coletivo, pois, segundo a autora, não cabe ao interprete estabelecer outros obstáculos à legitimação que não os decorrentes da própria Constituição[279].

No mesmo sentido, Lúcia Valle Figueiredo enuncia: *"No mandado de segurança coletivo o sindicato não precisa de qualquer autorização para representar a categoria"*[280].

E tanto a doutrina como a jurisprudência vêm entendendo que a necessidade de autorização aplica-se tão-somente às hipóteses contempladas pelo inc. XXI do art. 5º da Constituição, e não ao mandado de segurança coletivo, previsto no inc. LXX do mesmo artigo.

---

autorização expressa aludida no inc. XXI do art. 5º da Constituição, que contempla hipótese de representação. III – O objeto do mandado de segurança um direito dos associados, independentemente de guardar vínculo com os fins próprios da entidade impetrante do **writ***, exigindo-se, entretanto, que o direito esteja compreendido na titularidade dos associados e que exista ele em razão das atividades exercidas pelos associados, mas não se exigindo que o direito seja peculiar, próprio da classe. IV – R.E. conhecido e provido.* (RE 181.438-1, recorrente: Sindicato da Indústria de Artigos e Equipamentos Odontológicos, Médicos e Hospitalares do Estado de São Paulo; recorrida: União Federal).

[277] TARJ, AC 17.301/92, 3ª C. Rel. Juiz Asclepíades Rodrigues: **Mandado de Segurança coletivo. Legitimação extraordinária.** *O sindicato tem legitimidade para impetrar mandado de segurança coletivo, independentemente de autorização expressa de cada um de seus membros, desde que o direito subjetivo supostamente lesado ou ameaçado, se refira aos associados em geral e esteja vinculado aos fins associativos.*

[278] TUCCI, *op. cit.*, p. 50.

[279] GRINOVER, *op. cit.*, p. 77.

[280] FIGUEIREDO, L. V. Mandado de Segurança Coletivo. Conferência publicada na **Revista Trimestral de Direito Público** n. 3. p. 147.

Sobre o tema, o jurista Cassio Scarpinella Bueno leciona:

Tanto a impetração pelos partidos políticos como pelas entidades relacionadas na alínea "b" do inc. LXX do art. 5º da Constituição Federal, entretanto, não dependem da "autorização expressa", que é exigida, apenas, para os casos subsumíveis ao inc. XXI do mesmo art. 5º. Para o mandado de segurança coletivo, bastantes as exigências do inc. LXX[281].

Em suma, nos mandados de segurança coletivos (CF/88, art. 5º, inc. LXX) não se aplica o disposto no inc. XXI do art. 5º (necessidade de autorização dos membros da categoria representada pela associação) porque os dispositivos versam situações jurídicas inconfundíveis.

Enquanto o inc. XXI retrata hipótese em que o sindicato atua processualmente defendendo interesse exclusivamente individual de seus sindicalizados, em flagrante situação de representação processual, no mandado de segurança coletivo, (inc. LXX) o sindicato defende interesses difusos, coletivos ou individuais homogêneos de seus sindicalizados, em situação de legitimação autônoma.

Desta sorte, os sindicatos podem defender os interesses coletivos ou individuais da categoria (CF/88, art. 8º, inc. III); tratando-se de interesses individuais heterogêneos, os sindicatos necessariamente precisarão de autorização dos substituídos processuais que terão seus direitos tutelados pela entidade sindical (CF/88, art. 5º, inc. XXI), ao passo que, tratando-se de direitos difusos, coletivos ou individuais homogêneos (coletivos *lato sensu*) a serem tutelados por intermédio do mandado de segurança coletivo, resta dispensada esta autorização (CF/88, art. 5º, inc. LXX).

Outra questão importante é saber se o sindicato, ao impetrar um mandado de segurança coletivo, pode veicular pretensões que não guardem relação direta com os interesses dos membros de sua categoria.

---

[281] BUENO, C. E. **Mandado de Segurança**. São Paulo: Saraiva, 2002. p. 30.

Acenando em sentido favorável, Ada Pellegrini Grinover conclui que a partir de uma interpretação sistemática dos dispositivos constitucionais que tratam dos sindicatos e das entidades associativas, o mandado de segurança coletivo pode abranger tanto os interesses de seus membros como os interesses difusos, coletivos ou individuais homogêneos. A saber:

> *Os legitimados à segurança coletiva podem agir na defesa de interesses difusos, transcendentes à categoria; de interesses coletivos, comuns a todos os filiados, membros ou associados; de interesse coletivos, que se titularizem em apenas uma parcela dos filiados, membros ou associados. E ainda dos direitos pessoais, que poderiam ser defendidos pela via do mandado de segurança individual, mas que podem ter tratamentos conjunto com vistas à sua homogeneidade, evitando-se, assim, a proliferação de seguranças com decisões contraditórias, ou o fenômeno que Cândido Dinamarco expressivamente denominou de **litisconsórcio multitudinário**[282].*

Posicionamento diverso tem Uadi Lamêgo Bulos. Segundo este autor, para que os sindicatos possam impetrar mandado de segurança coletivo é necessário que haja uma identidade entre os direitos de seus integrantes e os interesses defendidos pelo sindicato, não podendo, portanto, tutelar interesses diversos dos de sua categoria[283].

Nesse sentido também Lúcia Valle Figueiredo: *"Insistimos em nosso ponto vista, embora, como assinalado, haja posição contrária na Suprema Corte. A tutela de interesses alheios à finalidade básica do sindicato não se pode pretender pela via do mandado de segurança coletivo"*[284].

Parece ser correta a posição mais restritiva, que limita o objeto do mandado de segurança coletivo aos interesses da catego-

---

[282] GRINOVER, *op. cit.*, p. 79.
[283] BULOS, *op. cit.*, p. 51.
[284] FIGUEIREDO, L. V. **Mandado de Segurança**. 2. ed. São Paulo: Malheiros, 1997. p. 32.

ria representada pela organização sindical. Isso porque, conforme sustentado alhures, a representatividade adequada, inerente a toda e qualquer tutela coletiva de direitos, deve sempre se ver presente para a harmonia do sistema. Nesse sentido, analisando-se uma de suas facetas, qual seja, a pertinência temática, só haverá a representatividade adequada do sindicato na tutela coletiva de direitos de seus filiados pela via do mandado de segurança coletivo se tal direito guardar relação direta com as finalidades da entidade; caso contrário, quebra-se o liame entre o direito tutelado e os objetivos institucionais do sindicato, implicando falta de harmonia no sistema de tutela coletiva de direitos.

Finalmente, a doutrina também chegou a questionar se o requisito da pré-constituição há pelo menos um ano exposto na alínea "b" do inc. LXX do art. 5º previsto no diploma constitucional referir-se-ia também às organizações sindicais ou se deveria se limitar apenas às associações.

Nesse particular, a Constituição Federal não parece dar margem a interpretação diversa, pois ao disciplinar *"em defesa de seus membros ou associados"*, certamente não se limita às associações.

Ademais, adotando-se uma interpretação literal do aludido dispositivo constitucional (CF/88, art. 5º, inc. LXX, alínea "b"), tem-se que a imposição do respeito ao requisito da pré-constituição foi atribuída exclusivamente ao último dos três entes incluídos na referida alínea "b", ou seja, às associações. Isso porque a expressão "constituída" foi grafada no seu singular, dando a entender que só se referia ao último dos entes previstos no dispositivo. Pretendesse atribuir tal requisito aos demais (organizações sindicais e entidades de classe), certamente o legislador constitucional teria preconizado "organização sindical, entidade de classe ou associação legalmente constituídas há pelo menos um ano". Não o tendo feito, não cabe ao intérprete fazê-lo.

Com efeito, mostra-se pertinente a previsão de exigência de pré-constituição há pelo menos um ano às associações, como forma de garantir a representatividade adequada, conforme aduzido alhures, o que não foi legitimamente exigido dos outros dois entes haja vista a presunção da adequação de sua representatividade.

Esse também é o posicionamento de Fernando da Costa Tourinho Neto em decisão proferida na 3ª Turma do Tribunal Regional Federal da 1ª Região. Veja-se: *"Não exige a norma constitucional que o sindicato ou a entidade de classe estejam em funcionamento há mais de um ano para terem legitimidade para a impetração do mandado de segurança coletivo. A exigência é tão só para a associação como deflui da simples leitura do texto"*[285].

Note-se, portanto, que a jurisprudência vem se inclinando à posição majoritária da doutrina.

7.2.3 Legitimidade ativa das entidades de classes

Por entidade de classes pode-se entender a pessoa jurídica, de direito público, com personalidade jurídica própria, que tem como finalidade representar uma categoria de pessoas, regidas por leis próprias.

A primeira vista, poder-se-ia entender que os sindicatos nada mais são do que uma espécie de entidade de classe, o que faria letra morta da distinção trazida pelo legislador constitucional. Mesmo raciocínio poder-se-ia adotar com relação às associações.

Por esse motivo, entendemos a entidade de classe como aquela organização representativa das categorias profissionais legalmente habilitadas, de filiação obrigatória, tais como OAB, CREA, CRM, CRO, CRV etc., enquanto os sindicatos representariam apenas organizações de filiação facultativa dos trabalhadores em geral.

As questões que atormentam a doutrina e a jurisprudência em relação às entidades de classe são as mesmas tratadas no item anterior com relação às organizações sindicais. Desta sorte, pairam dúvidas se há necessidade de autorização de seus membros para a

---

[285] AMS 89.01.09409-6, DJU 05.03.1990, TRF – 1ª Região, 3ª T.

impetração do mandado de segurança coletivo; se os interesses a serem tutelados devem guardar relação aos interesses da entidade de classe e, finalmente, se as entidades de classe também estão submetidas ao requisito de pré-constituição de um ano.

No que tange à necessidade de autorização de seus associados para impetrar mandado de segurança coletivo quando estiverem em jogo os interesses de toda a classe, assim como no caso dos sindicatos, a doutrina majoritária tem entendido em sentido negativo.

José Rogério Cruz e Tucci, ao tratar da necessidade ou não, de autorização para a impetração do mandado de segurança coletivo, enuncia: *"Impende notar que, nesse caso, a eventual autorização, revestida da natureza de mandato, desnaturaria a finalidade de **mandado de segurança coletivo**"*.

No mesmo sentido, Lourival Gonçalves Oliveira aduz[286]: *"Ao admitir esta exigência estaríamos descaracterizando a substituição processual, seja legal, anômala ou extraordinária como se pretenda chamá-la, para confundi-la com a representação processual, onde não mais se dará a defesa de interesses alheios em nome próprio mas sim a atuação em nome de outrem"*.

Cássio Scarpinella Bueno[287] também entende que seja desnecessária a autorização dos filiados para impetração do mandado de segurança coletivo pela entidade de classe, no entanto, ressalta que é necessário que haja previsão estatutária, ainda que genérica, autorizando tal entidade a ingressar em juízo.

Nota-se que os argumentos para a negativa de necessidade de autorização são os mesmos já aduzidos no caso dos sindicatos, o que significa dizer que, os objetos dos mandados de segurança coletivos impetrados por entidades de classes também deverão guardar relação com os interesses de seus membros.

Quanto ao pré-requisito de um ano de constituição, conforme posicionamento já exposto, não é aplicável às entidades de

---

[286] OLIVEIRA, *op. cit.*, p. 46.
[287] BUENO, *op. cit.*, p. 188.

classe, pois a Magna Carta, quando se referiu a este requisito, o fez em relação apenas às associações, conforme amplamente defendido acima.

Assim como em relação aos sindicatos, não é de todo estranho afastar-se a referida exigência das entidades de classe, eis que ambos serão submetidos ao controle próximo por parte do poder público, o que não acontece em relação às associações em geral.

7.2.4 Legitimidade ativa das associações

Por associações pode-se entender a pessoa jurídica formada pela *"união de pessoas que se organizam para fins não econômicos"* (Lei 10.406/02, art. 53), diferenciando-se das sociedades (simples ou empresarias) exatamente pela finalidade lucrativa destas.

No que se refere às associações, o texto constitucional é expresso no art. 5º, inc. LXX, alínea "b", no sentido de exigir a sua pré-constituição pelo menos um ano antes da impetração do mandado de segurança coletivo.

É importante destacar que a Lei 7.347/85, ao dispor sobre a ação civil pública, já concedia legitimidade às associações para o ajuizamento daquelas demandas coletivas desde que também cumprissem o requisito de pré-constituição há um ano. Naqueles casos (ações civis públicas), a própria lei estabeleceu no art. 5º, § 4º, uma exceção à regra, facultando ao juiz o afastamento do aludido requisito quando presente o manifesto interesse social evidenciado pela dimensão ou característica do dano, ou pela relevância do bem jurídico a ser protegido.

Devido à redação do dispositivo da Lei da Ação Civil Pública, acima mencionado, já se suscitou a possibilidade de afastamento do requisito de um ano de constituição exigido para a impetração do mandado de segurança coletivo, sendo que tal entendimento não vem sendo adotado pela doutrina majoritária.

A um, porque o requisito da pré-constituição imposto às associações para impetração do *writ* coletivo foi previsto constitucionalmente, não podendo se aplicar o disposto em norma infraconstitucional ao caso, em homenagem à regra de solução de conflitos normativos segundo a qual *lex superior derrogat legi inferiori*[288].

A dois, porque, tendo sido a Constituição Federal promulgada no ano de 1988, posteriormente, portanto, à Lei de Ação Civil Pública que é de 1985, igualmente não se permitiria a aplicação de norma jurídica nela prevista, contraditória à norma constitucional, sob pena de afronta a outra regra de solução de antinomias jurídicas, qual seja, *lex posterior derogat legi priori*[289].

Nesse sentido, a dispensa do requisito da pré-constituição às associações, possível em sede de ação civil pública, não se aplica em sede de mandado de segurança coletivo, no qual a verificação de tal pressuposto não admite exceções.

No que se refere à necessidade de autorização dos associados para que a associação possa impetrar mandado de segurança coletivo, como já exaustivamente explicitado nos itens anteriores, a mesma não será necessária quando a ação ajuizada estiver fundamentada na alínea "b", inc. LXX, do art. 5º da Constituição Federal.

Quanto à pertinência temática, como forma de garantir a representatividade adequada e, conseqüentemente, a legitimidade das associações nos *mandamus* coletivos, Ada Pellegrini Grinover defende ferrenhamente a adoção da ampliação da esfera de direitos abrangidos pelo mandado de segurança coletivo ainda que impetrados pelos entes legitimados na alínea "b" do artigo supracitado. Veja-se:

> *Quanto à alínea "b" do inc. LXX do mesmo art. 5º, é bem de ver que a Constituição se refere **à defesa dos interesses de seus membros ou associados**. A locução parece restritiva, à primeira*

---

[288] DINIZ, M. H. **Conflito de Normas**. 2. ed. São Paulo: Saraiva, 1996. p. 34.
[289] DINIZ, *op. cit.*, p. 34.

vista, levando eventualmente a ser interpretada no sentido de que os interesses visados são apenas os coletivos. Mas a interpretação que restringe o objeto da segurança coletiva aos interesses dos membros da categoria fugiria ao critério da maior amplitude do instrumento potenciado[290].

Benedito Gonçalves, ao tratar do tema, também entende que se deva dar uma interpretação mais ampla ao dispositivo constitucional[291].

Não obstante os posicionamentos dos autores acima citados, a tese de que os interesses tutelados em sede de mandado de segurança impetrado por associação deva guardar relação com os interesses de seus associados e finalidade da instituição é a que merece prosperar.

Afinal, o dispositivo constitucional aludido, quanto às associações, prevê, além do requisito da pré-constituição, que o mandado de segurança coletivo seja impetrado *"em defesa dos interesses de seus membros ou associados"*.

Entende-se que o legislador constitucional não teria expressamente feito tal ressalva se sua intenção fosse dar maior amplitude aos interesses protegidos, pois do contrário, teria feito como na alínea "a" do mesmo inciso, que ao tratar dos partidos políticos, silenciou a respeito da restrição.

Finalmente, outro tema que vem gerando polêmica no âmbito científico-jurídico é a limitação imposta pelo já mencionado art. 2º-A da Lei 9.494/97, cuja redação é a seguinte:

__Art. 2º-A.__ A sentença civil prolatada em ação de caráter coletivo proposta por entidade associativa, na defesa dos interesses e direitos dos seus associados, abrangerá apenas os substituídos que tenham, na data da propositura da ação, domicílio no âmbito da competência territorial do órgão prolator.

---

[290] GRINOVER, *op. cit.*, p. 78.
[291] GONÇALVES, B. **Mandado de Segurança**: Legitimidade Ativa das Associações. Rio de Janeiro: Lumen Juris, 1999.

Parágrafo único. *Nas ações coletivas propostas contra entidades da administração direta, autárquica e fundacional da União, dos Estados, do Distrito Federal e dos Municípios, a petição inicial deverá obrigatoriamente estar instruída com a ata da assembléia da entidade associativa que a autorizou, acompanhada da relação nominal dos seus associados e indicação dos respectivos endereços.*

É importante consignar que a norma jurídica acima transcrita foi introduzida no ordenamento jurídico pátrio com o advento da Medida Provisória 1.798-1/99, convertida na MP 1.906, posteriormente MP 1.984, depois MP 2.101 e, finalmente, MP 2.180, em vigor por força do disposto no art. 2º da Emenda Constitucional 32/01, atualmente objeto de impugnação por meio de ação direta de inconstitucionalidade (ADIn. 2351-9/DF) em trâmite no Supremo Tribunal Federal sem análise de seu mérito até a data da conclusão deste trabalho.

Pela redação do aludido dispositivo, poder-se-ia concluir que as associações só estariam legitimadas ativamente para o ajuizamento de ações coletivas (dentre elas, o mandado de segurança coletivo) para tutelar interesses de seus associados com "*domicílio no âmbito da competência territorial do órgão prolator*" da decisão. E mais, que quando as ações coletivas fossem ajuizadas em face de pessoas jurídicas de direito público (e os mandados de segurança coletivo via de regra o são), haveria a necessidade de a petição inicial ser instruída com "*a ata da assembléia da entidade associativa que a autorizou, acompanhada da relação nominal dos seus associados e indicação dos respectivos endereços*".

Ao que parece, a aludida norma, ao tentar limitar o espectro de incidência dos efeitos da coisa julgada material nas demandas coletivas ajuizadas por associações, acabou por impor requisitos além daqueles previstos pelo próprio texto constitucional, mostrando-se, desta forma, em total descompasso com as regras processuais atinentes à legitimidade previstas no texto supremo.

Com relação à exigência de autorização, já foi consignado o entendimento acima no sentido de dispensável tal autorização quando a tutela se der por intermédio de mandado de segurança coletivo, não se aplicando o disposto no inc. XXI do art. 5º da Carta Magna.

Quanto à limitação dos associados atingidos pelos efeitos da decisão, à primeira vista, o intérprete desavisado e desatento pode entender que tal limitação representa mera aplicação prática do art. 16 da Lei 7.347/85[292]. Mas não, é muito mais que isso! O art. 2º-A e parágrafo único da Lei 9.494/97 representam tentativa de impor outros inaceitáveis limites à coisa julgada material, além daqueles inerentes à natureza dos direitos que são tutelados nesta modalidade de ação.

Sem perder de vista a enxurrada de Medidas Provisórias editadas com condenável menoscabo às instituições democráticas e que ilimitadamente e ilegitimamente versavam sobre questões processuais civis[293], o que macularia formalmente a norma acima citada, o fato é que tal disposição não encontra amparo no sistema processual inerente às tutelas coletivas.

A limitação dos efeitos da sentença proferida em ação coletiva exclusivamente às pessoas que guardem vínculo jurídico com a associação autora e tenham domicílio no território jurisdicional do órgão prolator da decisão no momento da propositura da ação, conforme o *caput* do citado artigo de lei, inviabiliza todo o sistema de tutela coletiva de direitos assegurado na Constituição Federal de 1988.

Por tais motivos, mostra-se totalmente inconstitucional e, portanto, inaplicável o dispositivo legal.

Não seria justo conceder apenas a uma parcela da população um direito reconhecido coletivamente pelo Poder Judiciário que indubitavelmente poderia atingir um sem-número de indivíduos.

---

[292] **Art. 16.** *A sentença cível fará coisa julgada* **erga omnes**, *nos limites da competência territorial do órgão prolator, exceto se o pedido foi julgado improcedente por insuficiência de provas, hipótese em que qualquer legitimado poderá interpor outra ação com idêntico fundamento, valendo-se de nova prova.*

[293] Atualmente, após a EC 32/01, não mais se admitem medidas provisórias que versem sobre matéria relativa a direito processual civil [CF/88, art. 62, § 1º, inc. II].

Afinal, como se disse anteriormente, a tutela coletiva de direitos, mesmo sendo eles individuais homogêneos, dá-se de forma indivisível.

7.2.5 Legitimidade ativa do Ministério Público

Não obstante o Ministério Público não ter sido mencionado no art. 5º, inc. LXX, da atual Constituição, conforme já aduzido anteriormente, alguns doutrinadores admitem a sua legitimidade para a impetração do mandado de segurança coletivo.

Cássio Scarpinella Bueno, ao tratar do assunto, fundamenta o seu posicionamento favorável com os seguintes argumentos: *"Embora não mencionado no art. 5º, LXX, da Constituição Federal, boa parte da doutrina admite a impetração do mandado de segurança coletivo pelo Ministério Público como forma eficaz para tutelar interesses e direitos metaindividuais definidas no art. 127, caput, e 129 da Constituição Federal"*[294].

Posicionamento semelhante tem Lúcia Valle Figueiredo, a saber: *"Assim, pensamentos que, embora não expressamente enumerado no inc. LXX do art. 5º, ao Ministério Público também cabe a impetração de mandado de segurança coletivo para defesa os direitos indisponíveis"*[295].

Ao analisar o dispositivo legal supramencionado, Marcelo Navarro Ribeiro Dantas registra o seu entendimento no sentido de incluir a titularidade do Ministério Público para o *writ* coletivo sob o argumento de que outros dispositivos constitucionais, que não o supracitado, o autorizam a defender os interesses difusos, coletivos e individuais homogêneos, consoante redação do arts. 127 e 129 da Constituição Federal.

A respeito do tema o sobredito autor leciona:

---

[294] BUENO, *op. cit.*, p. 31.
[295] FIGUEIREDO, L. V. **Mandado de Segurança**. 2. ed. São Paulo: Malheiros, 1997. p. 39.

*Então ele pode utilizar-se do **writ** previsto no inc. LXIX do art. 5º da Constituição, embora não esteja entre as entidades autorizadas, pelo inc. LXX do mesmo dispositivo, a fazê-la a título de tutela coletiva, porquanto, se esse último inciso não traz uma disposição de direito material, mas apenas de direito processual, a autorização processual para tanto, quanto ao **Parquet,** a Constituição a concedeu em local próprio, isto é, nas normas que definem o Ministério Público e suas atribuições[296].*

No mesmo sentido, Carlos Alberto Pimentel Uggere posiciona-se da seguinte forma:

*Em síntese, pode-se aduzir, com a devida vênia aos que pensem de maneira distinta, à legitimação conferida ao Ministério Público para impetrar mandado de segurança coletivo na defesa dos interesses difusos, coletivos e individuais homogêneos, seja por não se tratar a hipótese configurada no inc. LXX do art. 5º da CF de preceito a ser interpretado restritivamente no que tange às legitimidades postulatórias conferidas, sejam em face do **parquet** ter como função institucional (CF, art. 129) a defesa destes interesses, inclusive através da promoção da competente ação civil pública, conceito maior onde está contido o da ação mandamental coletiva[297].*

José Antonio Remédio lembra que o art. 212 § 2º, da Lei 8.069/90[298] prevê a possibilidade de propositura de ação mandamental com as mesmas características e rito do mandado de segurança que lesem direito líquido e certo previsto no Estatuto da Criança e do Adolescente.

---

[296] DANTAS, *op. cit.*, p. 105.
[297] UGGERE, C. A. P. **Mandado de Segurança Coletivo**: como instrumento para defesa dos interesses difusos, coletivos e individuais homogêneos. Curitiba: Juruá, 1999. p. 73.
[298] *Art. 212.* [...] *§ 2º Contra atos ilegais ou abusivos de autoridade pública o agente de pessoa jurídica no exercício de atribuições do Poder Público, que lesem direito líquido e certo previsto nesta Lei, caberá ação mandamental, que se regerá pelas normas da lei do mandado de segurança.*

O supracitado autor cita, ainda, que a lei que instituiu a ação civil pública (Lei 7.347/85) determinou em seu art. 21: *"Aplicam-se à defesa dos direitos e interesses difusos, coletivos e individuais, no que for cabível, os dispositivos do Título III da lei que instituiu o Código de Defesa do Consumidor"*. E, nos termos do art. 83 do Código de Defesa do Consumidor, *"para a defesa dos direitos e interesses protegidos por este Código são admissíveis **todas as espécies de ações capazes de propiciar sua adequada e efetiva tutela**"* (sem grifo no original)[299]. E conclui:

> *Assim, seria um contra-senso permitir a legitimidade ativa do Ministério Público para a propositura da ação civil pública, que poderá, inclusive, ser julgada antecipadamente na hipótese de o direito apresentado na inicial ser líquido e certo, e não reconhecer sua legitimidade para a impetração do mandado de segurança coletivo*[300].

A propósito, Hugo Nigro Mazzilli[301] aduz que não é vedado à legislação ordinária ampliar as hipóteses de cabimento e de legitimação para o remédio coletivo, de forma que, combinando-se os arts. 21 da Lei 7.347/85 e 83 do Código de Defesa do Consumidor, pode-se admitir a impetração do *writ* coletivo também aos co-legitimados para a ação civil pública.

Aduzem em sentido contrário Sebastião de Oliveira Lima[302] e José Rogério Cruz e Tucci[303]. Para esses autores, a enumeração dos legitimados ativos para a impetração da segurança é taxativa, ou seja, *numerus clausus*.

A respeito do assunto o Tribunal Pleno do Supremo Tribunal Federal já se manifestou e decidiu que a enumeração dos legi-

---

[299] REMÉDIO, *op. cit.*, p. 524.
[300] *Idem. Ibidem.*
[301] MAZZILLI, H. N. **A defesa dos interesses difusos em juízo**. 13. ed. São Paulo: Saraiva, 2001. p. 117.
[302] LIMA, *op. cit.*, p. 137.
[303] TUCCI, *op. cit.*, p. 49.

timados ativos para a impetração de mandado de segurança coletivo prevista no art. 5º, LXX da Magna Carta é taxativa[304].

Nesse mesmo sentido decidiu também o Tribunal Federal Regional da 1ª Região[305].

Não obstante o teor dos julgados supracitados, afigura-se que o Ministério Público é parte legítima para impetrar mandado de segurança coletivo, pois o texto constitucional, quando lhe incumbiu a defesa dos interesses sociais e individuais indisponíveis (art. 127, *caput*) e lhe atribuiu, entre as suas funções institucionais, a proteção do patrimônio público e social, meio ambiente e outros interesses difusos e coletivos, concedeu-lhe a legitimidade para ajuizar as ações previstas em nosso ordenamento jurídico, dentre elas, a ação coletiva mandamental.

No mesmo sentido Teori Albino Zavascki leciona:

> *Partindo-se, assim, da premissa de que o art. 127 da CF é auto-suficiente, completo, apto a, desde logo, irradiar todos os efeitos, há de se concluir que o Ministério Público está constitucionalmente legitimado a utilizar-se de todos os instrumentos necessá-*

---

[304] MS 21.059-1RJ, TP, v.u., j. em 05.09.1990, Rel. Min. Sepúlveda Pertence, já transcrito na nota 92.

[305] **Administrativo. Mandado de Segurança. Procuradores Autárquicos. Redução das férias de 60 para 30 dias. MP 1.522/96 e reedições. Conversão de 1/3 de férias em pecúnia. MP 1.195/95 e reedições. Constitucionalidade. Equiparação dos Procuradores Autárquicos aos Membros do Ministério Público da União. CF/88. Ilegitimidade ativa do Ministério Público. Extinção do processo. Art. 267, CPC.** *1. O ministério público só possui legitimidade ativa para propor ação civil pública, além de outras hipóteses legais específicas, quando se cuide de interesses difusos (Lei 7.347/85, art. 1º, IV, 1ª parte, e Lei 8.078/90, arts. 81, I, c/c 82, I), coletivos (Lei 7.347/85, art. 1º, IV, 2ª parte, e Lei 8.078/90, arts. 81, II, c/c 82, I), individuais indisponíveis (Constituição Federal, art. 127), sociais relevantes* (**idem, ibidem**) *ou individuais homogêneos de consumidores (Lei 8.078/90, arts. 81, III, c/c 82, "i"). 2. Não identificado nos autos, "interesse difuso", passível de ser protegido pela ação civil pública (CF, art. 129, III), resta configurada a ilegitimidade ativa do Ministério Público Federal, a ensejar a extinção do processo de ofício, nos termos do art. 267, VI do CPC 3. Precedentes. 4. Processo extinto a teor do art. 267, VI do CPC. 5. Apelação prejudicada.*

rios ao adequado desempenho da incumbência, do poder/dever, de promover a defesa dos interesses sociais. Isto conclui, por certo, sua habilitação para manejar também os instrumentos processuais, se preciso for, de modo a que suas atribuições sejam exauridas às últimas conseqüências. Com efeito, seria inimaginável supor-se que o dever de defesa – imposto ao Ministério Público pelo Constituinte – fosse limitado a providências extrajudiciais. Em outras palavras: o art. 127 da Carta Constitucional é, também, norma de legitimação[306].

Ademais, como restou demonstrado no item referente às experiências estrangeiras, a tendência mundial é no sentido de ampliar a legitimidade para a propositura de ações que versem sobre direitos coletivos, sempre visando aos jurisdicionados uma adequada prestação da tutela jurisdicional.

---

[306] ZAVASCKI. T. A. O Ministério Público e a Defesa de Direitos Individuais Homogêneos. Artigo publicado na **Revista de Informação Legislativa**, n. 117, 1993. p. 183.

CONCLUSÕES

Com o intuito de facilitar a análise do leitor e a compreensão dos principais pontos focados nessa obra, passa-se a transcrever as conclusões obtidas de forma tópica e numerada.

1 – Tanto o termo *direito* como o termo *interesse* podem ser reciprocamente utilizados para referir-se ao objeto tutelado pelas demandas coletivas sem que isso implique falta de cuidado com a terminologia científica. A distinção só faz sentido no âmbito da tutela individual de direitos, em que o termo *direito* pressupõe sempre a identificação dos seus titulares, o que nem sempre ocorre no sistema de tutela coletivas de *direitos/interesses*.

2 – Podem ser tutelados coletivamente os direitos coletivos *lato sensu*, neles compreendidos o direito difuso, o direito coletivo *stricto sensu* e o direito individual homogêneo.

3 – O direito difuso consiste num direito transindividual decorrente de uma situação fática comum, cujos titulares não se pode identificar. O direito coletivo *stricto sensu* pode ser caracterizado com sendo um direito transindividual cujos titulares estarão ligados entre si por uma relação jurídica base ou por meio de um vínculo jurídico entre os seus co-titulares e a parte contrária, podendo ser determinados ou determináveis. O direito individual homogêneo pode ser definido como um direito transindividual, ainda que legal ou artificialmente, decorrente de uma origem fática comum, cujos titulares são determinados ou determináveis.

4 – A concepção clássica da relação jurídica não é a mais adequada para explicar a tutela coletiva de direitos, pois as pessoas legitimadas à propositura das ações coletivas não são as verdadeiras titulares do direito tutelado, o que impende sua análise sob a ótica da concepção normativista da relação jurídica.

5 – Há dois sistemas processuais de tutela de direitos autônomos e inconfundíveis no direito atual: o sistema da tutela individual de direitos e o sistema da tutela coletiva de direitos.

6 – A tutela individual de direitos sempre recairá sobre direitos individuais, homogêneos (de origem fática comum) ou heterogêneos (de origem não comum), ao passo que a tutela coletiva de direitos poderá recair sobre direitos difusos, coletivos ou individuais homogêneos, estes últimos, transindividuais por imposição legal ou artificial.

7 – Em se tratando de tutelas coletivas, está-se diante de uma legitimidade autônoma.

8 – A legitimidade na ação popular, na ação civil pública e no mandado de segurança coletivo deve ser analisada sob o enfoque exclusivo do sistema de tutela coletiva de direitos, sem a interferência do sistema de tutela individual preconizado pelo Código de Processo Civil. Isso porque a classificação clássica da legitimidade em *ordinária* e *extraordinária* está ligada ao conceito de titularidade do direito material tutelado, o que não parece ser conveniente em se tratando da tutela de direitos transindividuais eis que, nessa seara, nem sempre será possível identificar-se o seu titular.

9 – Cidadão, para fins de verificação da legitimidade ativa ao juizamento da ação popular, deve ser considerado aquele indivíduo que, ainda que potencialmente, tem integrado ao seu patrimônio de direitos o de ser eleitor (direitos políticos ativos). Sob tal enfoque, a ação popular consiste numa forma de manifestação de um direito político.

10 – O eleitor menor de 18 (dezoito) anos e maior de 16 (dezesseis) anos não necessita de assistência para o ajuizamento da ação popular, nem mesmo para a outorga de poderes *ad judicia* ao seu procurador, sob pena de se inviabilizar o exercício de seu direito por meio daquele remédio constitucional.

11 – O analfabeto, assim como o eleitor maior de 70 (setenta) anos, podem ajuizar ação popular, eis que se subsumem ao conceito de cidadão.

12 – Nada obstante o *caput* do art. 5º da Constituição Federal assegure aos *"estrangeiros residentes no país"* os direitos trazidos no seu elenco, o estrangeiro não pode ajuizar ação popular, eis que o mesmo não participa da vida política nacional ativamente, não sendo, portanto, cidadão, já que a nacionalidade brasileira é requisito constitucional indispensável para o alistamento eleitoral e para a elegibilidade.

13 – Apesar de se entender que a inclusão da pessoa jurídica no rol dos legitimados para a propositura da ação popular traria benefícios à sociedade, conclui-se que o atual ordenamento jurídico não aceita esta possibilidade.

14 – O Ministério Público poderá ajuizar ação civil pública para tutelar direitos coletivos, difusos ou individuais homogêneos, estes últimos, apenas quando forem indisponíveis ou ostentarem relevante caráter social.

15 – O Ministério Público não está obrigado ao ajuizamento da ação civil pública diante de uma situação fática potencialmente ejetora de um direito coletivo *lato sensu* em virtude dos princípios constitucionais da independência funcional e da autonomia. Por outro lado, uma vez ajuizada, a demanda passa a ser indisponível, sendo vedada a sua desistência.

16 – Quando o Ministério Público for autor da ação civil pública não precisará atuar no processo na condição de fiscal da lei, eis que, ao integrar a relação processual, se encontra apto a fiscalizar e detectar qualquer irregularidade no processo, atribuições que teria na condição de *custos legis*.

17 – Há impropriedade técnico-jurídica em relação ao litisconsórcio entre Ministério Público da União e Ministério Público dos Estados nas demandas coletivas, mas tal atecnia terminológica do legislador (art. 5º, § 5º, Lei 7.347/85) não impede que um Promotor de Justiça e um Procurador da República assinem conjuntamente uma petição inicial de ação civil pública, seja perante a Justiça Estadual, seja perante a Justiça Federal.

18 – Não há que se confundir direito coletivo *lato sensu* com direito público. Assim, se um ente político legitimado à ação civil pública pretende tutelar um direito próprio, apesar de público, deverá fazer uso das regras individualistas do Código de Processo Civil.

19 – As associações não precisam de autorização de seus membros para ajuizarem ação civil pública, eis que nesta hipótese atuam na condição de legitimados autônomos e não de representantes processuais dos associados.

20 – O critério *ope legis* trazido pela legislação em relação à legitimidade na ação civil pública não inibe o magistrado de exercer um certo controle sobre a representatividade adequada na demanda, analisando a pertinência temática e a possibilidade de afastar o requisito da pré-constituição há pelo menos um ano prevista na lei.

22 – Para impetração do mandado de segurança coletivo, os partidos políticos com representação no Congresso Nacional ostentam legitimidade ativa ampla, podendo tutelar todo e qualquer direito coletivo *lato sensu* que guardem relação com o regime democrático, com a autenticidade do sistema representativo e com os direitos fundamentais definidos na Constituição Federal, nos termos da Lei Orgânica dos Partidos Políticos.

23 – Nem os sindicatos, nem as entidades de classe, nem mesmo as associações precisam de autorização expressa de seus membros ou associados para a impetração do mandado de segurança coletivo, eis que atuam nessa situação em legitimidade autônoma, e não como representantes processuais, situação em que a autorização tornar-se-ia imprescindível (art. 5º, inc. XXI da Constituição Federal).

24 – Tanto as organizações sindicais, como as entidades de classe e as associações só podem impetrar o mandado de segurança coletivo em defesa dos interesses dos seus membros ou associados. O requisito da pré-constituição de pelo menos um ano antes da impetração da ação mandamental, por sua vez, restringe-se apenas às associações, não se aplicando em relação aos sindicatos ou às entidades de classe.

25 – Em virtude dos princípios da hierarquia e da aplicação da lei no tempo, o requisito da pré-constituição de pelo menos um ano exigido para as associações como condição para a impetração do mandado de segurança coletivo não pode ser excepcionado pelo juiz, nem mesmo nos casos de "*manifesto interesse social evidenciado pela dimensão ou característica do dano, ou pela relevância do bem jurídico a ser protegido*" a que alude o art. 5º, § 4º da Lei 7.347/85, aplicado exclusivamente nas ações civis públicas.

26 – O Ministério Público, apesar de não constar expressamente do rol de legitimados previsto no art. 5º, inc. LXX da Constituição Federal, pode impetrar o mandado de segurança coletivo, em virtude das atribuições conferidas pela própria Constituição àquele órgão de proteção dos direitos sociais e individuais.

REFERÊNCIAS

ALMEIDA, Gregório Assagra Almeida. **Direito Processual Coletivo Brasileiro – um novo ramo do direito processual**. São Paulo: Saraiva, 2003.

ALMEIDA, João Batista. **Aspectos Controvertidos da Ação Civil Pública**. São Paulo: RT, 2001.

ALEGRE, Sérgio Monte. Ação Civil Pública, Constituição Federal e Legitimidade para agir. **Revista de Direito Público** n. 96.

_____. Ação Popular não é direito político. **Revista de Direito Administrativo** n. 189.

ALVES, José Carlos Moreira. **Direito Romano**. Rio de Janeiro: Forense, 1990.

ALVIM, Eduardo Arruda. **Curso de Direito Processual Civil**. São Paulo: Revistas dos Tribunais, 1998. v. 1.

ALVIM, Thereza. **O direito processual de estar em juízo**. São Paulo: RT, 1986.

APPIO, Eduardo. **A ação civil pública no Estado democrático de direito**. Curitiba: Juruá, 2005.

ARAÚJO FILHO, Luiz Paulo da Silva. **Ações coletivas**: A Tutela Jurisdicional dos Direitos Individuais Homogêneos. Rio de Janeiro: Forense, 2000.

ARAZI, Roland, et al. **Derecho Procesal – en vísperas del siglo XXI**. Buenos Aires: Ediar Sociedad Anônima, 1997.

ARMELIN, Donaldo. **Legitimidade para agir do direito processual brasileiro**. São Paulo: RT, 1979.

ASSIS, Araken. Substituição Processual. **Revista Ajuris** n. 93. Porto Alegre, 2004.

AVILM, Arruda. Ação Popular. **Revista de Processo** n. 32, a. 8, 1983.

BARBI, Celso Agrícola. **Do mandado de Segurança**. 7. ed. Rio de Janeiro: Forense, 1993.

_____. **Mandado de Segurança**. 1. ed., 2. tir. Belo Horizonte: Del Rey, 1996.

BARBOSA SOBRINHO, Osório Silva. **Constituição Federal vista pelo STF**. 3. ed. São Paulo: Juarez de Olvieira, 2001.

BARTSH, Thomas C. *Class Action (Civil procedure)*. Toronto: Lexington Books, 1978.

BASTOS, Celso. A tutela dos interesses difusos no direito brasileiro. **Revista de Processo** n. 23, 1981.

BELINETTI, Luiz Fernando. **Sentença Civil**: perspectivas conceituais no ordenamento jurídico brasileiro. São Paulo: RT, 1994.

_____ **A intervenção do Ministério Público nos juizados especiais cíveis**. A hipótese do artigo 8º, § 2º da Lei 9.099/95. Genesis – Revista de Direito Processual Civil. Curitiba, jan./abr. 1997.

_____ Ações Coletivas – Um tema a ser ainda enfrentado na reforma do processo civil brasileiro – A relação jurídica e as condições da ação nos interesses coletivos. **Revista de Processo** n. 98, 2000.

BENJAMIN, Antonio Herman V. A *citizen action* norte-americana e a tutela ambiental. **Revista de Processo** n. 62, 1991.

BUENO, Eduardo. **Brasil**: Uma história. São Paulo: Ática, 2002.

BUENO, Cassio Scarpinella. A legitimidade ativa no Mandado de Segurança Coletivo. **Revista de Processo** n. 88, a. 22, 1997.

_____ **Mandado de Segurança**. São Paulo: Saraiva, 2002.

BULOS, Uadi Lamêgo. **Mandado de Segurança Coletivo – em defesa dos partidos políticos, associações, sindicatos e entidades de classe**. São Paulo: RT, 1996.

CAMPOS FILHO, Paulo Barbosa. **Da Ação Popular Constitucional**. São Paulo: Saraiva, 1968.

CAMPOS, Ricardo Ribeiro. Legitimidade do Ministério Público para defesa dos interesses individuais homogêneos: sua compreensão a partir da teoria dos poderes implícitos e da interpretação sistemática da Constituição Federal. **Revista de Direito Processual Civil** – Gênesis – Ctba. V. 8, n. 29, p. 565-576, jul./set. 2003.

CAMPOS, Ronaldo Cunha. **Ação Civil Pública**. Rio de Janeiro: Aide, 1989.

CAPELLETTI, Mauro. Formações Sociais e Interesses Coletivos diante da Justiça Civil. **Revista de Processo** n. 05, a. 02, 1977.

CARNEIRO, Nelson. Das Ações Populares Civis no Direito Brasileiro. **Revista de Direito Adminstrativo** n. 25.

CARRAZZA, Roque Antonio. **Curso de Direito Constitucional Tributário**. 11. ed. São Paulo: Melhoramentos, 1998.

CARVALHO, Paulo de Barros. **Direito Tributário – fundamentos de incidência**. São Paulo: Saraiva, 1998.

CARVALHO FILHO, José dos Santos. **Ação civil pública**: comentários por artigo. Rio de Janeiro: Freitas Bastos, 1995.

_____. **Ação Civil Pública**: comentários por artigo. São Paulo: Lumen Júris, 2004.

CARVALHO NETO, Inácio de. **Manual de processo coletivo**. Curitiba: Juruá, 2005.

CASTRO, João Bosco de. Ação Coletiva e legitimidade do MP. **Consulex**, Revista Jurídica, v. 7, n. 166, p. 58-59, dez. 2003.

CHIOVENDA. Giuseppe. **Instituições de Direito Processual Civil**. Campinas: Bookseller, 1998.

CINTRA, Antonio Carlos de Araujo. *et all*. **Teoria Geral do Processo**. 18. ed. São Paulo: Malheiros, 2002.

CRETELLA JUNIOR, José. **Direito Romano Moderno**: Introdução ao Direito Civil Brasileiro. Rio de Janeiro: Forense, 1999.

_____. **Mandado de Segurança Coletivo**. 3. ed. Rio de Janeiro: Forense, 1999.

_____. **Os "Writs" na Constituição Federal de 1988**. 2. ed. Rio de Janeiro: Forense Universitária, 1996.

CUNHA, Alcides A. Munhoz da. Evolução das Ações Coletivas no Brasil. **Revista de Processo** n. 77, 1995.

DALLARI, Dalmo de Abreu. **Elementos de Teoria Geral do Estado**. São Paulo: Saraiva, 1993.

DANTAS, Marcelo Navarro Ribeiro. **Mandado de Segurança Coletivo**: legitimação ativa. São Paulo: Saraiva, 2000;

DELGADO, José Augusto. Aspectos Controvertidos da Substituição Processual. **Revista de Processo** n. 41, 1987.

DINAMARCO, Cândido Rangel. **Fundamentos do Processo Civil Moderno**. 4. ed. São Paulo: Malheiros, 2001. t. I,

_____.**Litisconsórcio**. 4. ed. São Paulo: Malheiros, 1996.

_____. **Instituições de Direito Processual Civil**. São Paulo: Melhoramentos, 2001. v. II,

DINAMARCO, Pedro da Silva. **Ação Civil Pública**. São Paulo: Saraiva, 2001.

DINIZ, Maria Helena. **Conflito de Normas**. 2. ed. São Paulo: Saraiva,1996.

_____. **Compêndio de introdução à ciência do direito**. 3. ed. São Paulo: Saraiva, 1991.

FERRAZ, Sérgio. **Mandado de Segurança (individual e coletivo) – aspectos polêmicos**. São Paulo: Malheiros, 1996.

FERREIRA, Rony. **A coisa julgada nas ações coletivas e a restrição do artigo 16 da Lei da Ação Civil Pública**. Porto Alegre: Sérgio Fabris, 2003.

FIGUEIREDO, Lúcia Valle. **Mandado de Segurança**. 2. ed. São Paulo: Malheiros, 1997.

FIORILLO, C. A. P. **Curso de direito ambiental brasileiro**. 4. Ed. São Paulo: Saraiva, 2003.

Mandado de Segurança Coletivo. **Revista Trimestral de Direito Público** n. 3.

FREIRE, Rodrigo da Cunha Lima. **Condições da Ação – enfoque sobre o interesse de agir**. 2. ed. São Paulo: RT, 2001.

FURTADO, Elizabeth T. C. Furtado. **Ação Popular**: Mecanismo de Controle dos Atos da Administração Pública pelo cidadão. São Paulo: LTr, 1997.

GESSINGER, Ruy Armando. **Da ação popular constitucional**. Porto Alegre: Metrópole, 1985.

GIDI, Antonio. A representação adequada nas ações coletivas brasileiras: uma proposta. **Revista de Processo** n. 108, 2002.

_____. **Coisa julgada e litispendência em ações coletivas**. São Paulo: Saraiva, 1995.

GOMES JUNIOR, Luiz Manoel. **Ação Popular**: Aspectos Polêmicos. 2. ed. Rio de Janeiro: Forense, 2004.

GONÇALVES, Benedito. **Mandado de Segurança**: Legitimidade Ativa das Associações. Rio de Janeiro: Lúmen Júris, 1999.

GRINOVER, Ada Pellegrini. A Ação Popular Portuguesa: uma análise comparativa. **Revista de Processo** n. 83, a. 21, 1996.

_____.*et al.* **A tutela jurisdicional dos interesses difusos**. São Paulo: Max Limonad Ltda, 1984.

_____. A tutela jurisdicional os interesses difusos. **Revista de Processo** n. 14, 1979.

_____. Mandado de Segurança Coletivo: Legitimação, Objeto e Coisa Julgada. **Revista de Processo** n. 58, a. 15, 1990;

_____ *et al.* **Código brasileiro de defesa do consumidor**: comentado pelos autores do anteprojeto. 5. ed. Rio de Janeiro: Forense Universitária, 1998.

GUIMARÃES, Ary Florêncio. **Aspectos da ação popular de natureza civil**. Dissertação apresentada à Faculdade de Direito da Universidade Federal do Paraná, Curitiba, 1957.

GUSMÃO, Paulo Dourado. **Introdução ao Estudo do Direito**. 23. ed. Rio de Janeiro.

HENSLER, Deborah R. *et al.* **Class action dilemmas**: pursuing public goals for private gain. Estados Unidos: Rand, 2000.

JOTA, Rossini Lopes. Ação Civil Pública – Programação de TV a cabo – Legitimidade do Ministério Público. **Revista de Processo** n. 102, a. 26, 2001.

KELSEN, Hans. **Teoria Pura do Direito** [Tradução João Baptista Machad]. 6. ed. São Paulo: Martins Fontes, 1998.

KLONOFF, Robert H. **Class Action and Other Multi-Party Litigation**. St. Paul: West Group, 1999.

Kocher, Eva. **Ação Civil Pública e a Substituição Processual**. São Paulo: LTR, 2004.

LANA, João Bosco Cavalcanti. **Elementos de Teoria Geral do Direito – Introdução ao Estudo do Direito**. 3. ed. Rio de Janeiro: Civilização Brasileira: Instituto dos Magistrados do Brasil, 1980.

LENZA, Pedro. **Teoria Geral da Ação Civil Pública**. São Paulo: RT, 2003.

LIMA, Sebastião de Oliveira. Mandado de Segurança Coletivo e seus principais problemas. **Revista Trimestral de Direito Público**, n. 3.

LISBOA, Roberto Senise. **Contratos Difusos e Coletivos**: consumidor, meio ambiente, trabalho, agrário, locação. 2. ed. São Paulo: RT, 2000.

LOUREIRO, Caio Márcio. **Ação Civil Pública e o Acesso à Justiça**. São Paulo: Método, 2004.

MAGGIO, Marcelo. **Condições da Ação – com ênfase à Ação Civil Pública para a Tutela dos Interesses Difusos**. Curitiba: Juruá, 2005.

MANCUSO, Rodolfo de Camargo. **Ação Popular**. 4. ed. São Paulo: RT, 2001.

_____. **Interesses Difusos – conceitos e legitimação para agir**. 2. ed. São Paulo: RT, 1991.

_____. **Ação Civil Pública em defesa do Meio Ambiente, do Patrimônio Cultural e dos Consumidores**. 7. ed. São Paulo: RT, 2001.

_____.**Ação Civil Pública em defesa do Meio Ambiente, do Patrimônio Cultural e dos Consumidores**. 9. ed. São Paulo: RT, 2004.

_____. **Interesses difusos**: conceito e legitimação para agir. 3. ed. São Paulo: RT, 1994.

MARINONI, Luiz Guilherme. **Tutela Antecipatória, Julgamento Antecipado e Execução Imediata da Sentença**. 4. ed., revista, atual. e ampl. São Paulo: RT, 2000.

MARINS, James. Ações Coletivas em Matéria Tributária. **Revista de Processo** n. 76, a. 19, 1994.

MAYNEZ, Eduardo Garcia. **Filosofía del Derecho**. 2. ed. México: E. Porruá, 1977.

_____ **Introduccíon al estudio del Derecho**. México: E. Porruá, 1951.

MAZZILLI, Hugo Nigro. **A defesa dos interesses difusos em juízo**. 13. ed. São Paulo: Saraiva, 2001.

MEIRELLES, Hely Lopes. **Mandado de Seguraça Ação Popular. Ação Civil Pública, Mandado de Injunção,** *Habeas Data*. 18. ed. São Paulo: Malheiros, 1997.

MENDES, Aluisio Gonçalves de Castro. **Ações Coletivas no Direito Comparado e Nacional**. São Paulo: RT, 2002.

MOARES, Alexandre de. **Direito Constitucional**. 11. ed. São Paulo: Atlas, 2002.

MOREIRA, José Carlos Barbosa. Ação Civil Pública. **Revista Trimestral de Direito Público** n. 93.

_____. Ações coletivas na Constituição Federal de 1988. **Revista de Processo** n. 61, 1991.

MOTA, Leda, *et alii*. **Direito Constitucional**. São Paulo: Terra, 1994.

MOURA, Mário Aguiar. Substituição Processual. Artigo publicado da **Revista de Processo** n. 47, 1987.

NEGRÃO, Ricardo. **Ações coletivas: enfoque sobre a legitimidade ativa**. Universitária de Direito, 2005.

NEGRÃO, Theotonio. **Código de Processo Civil e legislação em vigor**. 33. ed. São Paulo: Saraiva, 2002.

NEWBERG, Herbert B. *Class Actions* – **A manual for group litigation at Federal and State levels**. Estados Unidos: McGraw-Hill book Company, 1985. v. 1.

NERY JUNIOR, Nelson. **Código de Processo Civil Comentado**. 3. ed. São Paulo: RT, 1997.

_____. **Princípios do Processo Civil na Constituição Federal**. 6. ed. São Paulo: RT, 2000.

NOGUEIRA, Paulo Lúcio. **Instrumentos de Tutela e Direitos Constitucionais**. São Paulo: Saraiva.

_____. **Curso completo de Processo Civil**. 3. ed. São Paulo: Saraiva, 1992.

OLIVEIRA, Lourival Gonçalves. Interesse Processual e Mandado de Segurança Coletivo. Artigo publicando na **Revista de Processo** n. 56, a. 14, 1989.

PACHECO, José da Silva. **O Mandado de Segurança e outras Ações Constitucionais típicas**. São Paulo: RT, 1990.

PACHUKANIS, E. B. **Teoria Geral do Direito e Marxismo**. São Paulo: Acadêmica, 1988.

PASSOS, J. J. Calmon de. **O mandado de segurança coletivo, mandado de injunção,** *habeas data*. São Paulo.

PEIXOTO, José Carlos de Mattos. **Curso de Direito Romano**: partes introdutória e geral. Rio de Janeiro: Renovar, 1997. t. I.

PEREIRA, Milton Luiz. Mandado de Segurança – Câmara de Vereadores – Personalidade Judiciária – Legitimação Ativa. **Revista de Processo** n. 104, a. 26, 2001.

PIETRO, Maria Sylvia Zanella de. **Direito Administrativo**. 13. ed. São Paulo: Atlas, 2001.

PINTO, Carlos Alberto da Mota. **Teoria Geral do Direito Civil**. 3. ed. Coimbra: Coimbra, 1996. p. 167.

SANTOS, Moacyr Amaral dos. **Primeiras Linhas de Direito Processual Civil – nos termos da Constituição de 1998**. 15. ed. 1992. v. 1.

SIDOU, Othon J. M. As garantias ativas dos direitos coletivos – *Habeas Corpus*, **Ação Popular e Mandado de Segurança**. Rio de Janeiro: Forense, 1977.

SILVA, Edson Pereira da. Da legitimação extraordinária, inclusive na Constituição de 1988. **Revista de Processo** n. 64, a. 16, 1991.

SILVA, José Afonso. **Ação Popular Constitucional**. São Paulo: RT, 1968.

_____. **Curso de Direito Constitucional Positivo**. São Paulo: Malheiros, 1995.

_____. *et al*. **Enciclopédia Saraiva de Direito**. São Paulo: Saraiva, p. 402.

RAMOS, Elival da Silva. **A ação popular como instrumento de participação política**. São Paulo: RT, 1991.

ROCHA, J. Elias Dubard de Moura. **Interesses coletivos**: ineficiência de sua tutela judicial. Curitiba: Juruá, 2003.

REALE, Miguel. **Lições Preliminares de Direito**. Saraiva: São Paulo, 1995.

_____ **Da ação civil pública**. Questões de direito público. São Paulo, Saraiva, 1997.

REMÉDIO, José Antônio. **Mandado de Segurança Individual e Coletivo**. São Paulo: Saraiva, 2002.

ROCHA, J. Elias Dubard de Moura. **Interesses coletivos**: ineficiência de sua tutela jurisdicional. Curitiba: Juruá, 2004.

RODRIGUES, Marcelo Abelha. **Ação Civil Pública e o Meio Ambiente**. São Paulo: RT, 2004.

SÁ, José Adonis Callou de Araújo. **Ação Civil Pública e controle de constitucionalidade**. Belo Horizonte: Del Rey, 2002.

SANTOS, Christianine Chaves. **Ações Coletivas e coisa julgada**. Curitiba: Juruá: 2004.

SANTOS, M. A. **Primeiras Linhas de Direito Processual Civil – nos termos da Constituição de 1998**. 15. ed. São Paulo: Saraiva. 1992. v. 1.

SPALDING, Alessandra Mendes. Direito fundamental à tutela jurisdicional tempestiva à luz do inciso LXXVIII do art. 5º da CF inserido pela EC 45/04. *In:* WAMBIER, Tereza Arruda Alvim e outros (Coord.). **Reforma do Judiciário – Primeiros ensaios sobre a EC. 45/04**. São Paulo: RT, 2005. p. 31-40.

_____ A legitimidade ativa do Ministério Público na ação civil pública. *In:* **Gênesis – Revista de Direito Processual Civil**, v. 30, a. VIII, out./dez. 2003, p. 653-665.

_____ A análise crítica do cabimento da intervenção judicial diante da omissão do dever de prestação fática pelo Estado. *In:* **Cadernos da Escola de Direito e Relações Internacionais da Unibrasil**, n. 04, jan./dez. 2004. Curitiba: Unibrasil, 2005.

TEIXEIRA, Fernando de Oliveira. **Ação Popular**: prática, processo e jurisprudência. Curitiba: Juruá, 1979. v. 35.

TEIXEIRA, Sálvio de Figueiredo. Considerações sobre o direito norte-americano. **Revista de Processo** n. 16, 1979.

THEODORO JÚNIOR, Humberto. **Curso de Direito Processual**. 18. ed. Rio de Janeiro: Forense, 1996. v. 1.

TICIANELLI, Maria Fernanda Rossi Ticianelli. **Princípio do Duplo Grau de Jurisdição**. Curitiba: Juruá: 2005.

TUCCI, José Rogério Cruz e. ***"Class Action"* e Mandado de Segurança Coletivo**. São Paulo: Saraiva, 1990.

UGGERE, Carlos Alberto Pimentel. **Mandado de Segurança Coletivo**: como instrumento para defesa dos interesses difusos, coletivos e individuais homogêneos. Curitiba: Juruá, 1999;

VASCONCELOS, Alberto. **Teoria da Norma Jurídica**. Rio de Janeiro: Forense: 1978.

VECCHIO, Giorgio Del. **Lições de Filosofia do Direito**. 5. ed. Coimbra: Armenio Amado, 1979.

VIGLIAR, José Marcelo Menezes. **Ação civil Pública**. 4. ed. São Paulo: Atlas, 1999.

VILANOVA, Lourival. **Causalidade e Relação no Direito**. 4. ed. São Paulo: RT, 2000.

WALD, Arnoldo. **Aspectos Polêmicos da Ação Civil Pública**. São Paulo: Saraiva, 2004.

WAMBIER, Luiz Rodrigues. *et al.* **Curso Avançado de Processo Civil**. 2. ed. São Paulo: RT, 1999. v. 1.

_____. **Liquidação de Sentença**. São Paulo: RT, 1997.

WATANABE, Kazuo. A tutela jurisdicional dos interesses difusos: A legitimação para agir. **Revista de Processo** n. 34, 1984.

ZANETI JÚNIOR, Hermes. Mandado de Segurança Coletivo – Aspectos processuais Controversos. Porto Alegre: Sergio Antonio Fabris, 2001.

ZAVASCKI, Teori Albino. Defesa de Direitos Coletivos e Defesa Coletiva de Direitos. **Revista Jurídica** n. 212, 1995.

_____. O Ministério Público e Ação Civil Pública. **Revista de Informação Legislativa** – Brasília n. 114, a. 29, 1992.

_____. Ministério Público, e a defesa de direitos individuais homogêneos. Revista Forense, v. 333.

ÍNDICE ALFABÉTICO

A

- Abandono. Ministério Público em caso de abandono ou desistência. 132
- Ação civil pública. 107
- Ação civil pública. Evolução na legislação brasileira. 111
- Ação civil pública. Legitimidade ativa na ação civil pública. 114
- Ação coletiva. Legitimidade nas ações coletivas. 52
- Ação popular. 75
- Ação popular. Evolução da ação popular na legislação brasileira. 79
- Ação popular. Legitimidade ativa na ação popular. 84
- Ação popular civil. 82
- Ação popular penal. 80
- Ação popular portuguesa. 71
- Administração Pública. Legitimidade ativa dos entes da Administração Pública *lato sensu*. 139
- Analfabeto. Legitimidade ativa do analfabeto. 98
- Associação. Legitimidade ativa. 178
- Associação. Legitimidade ativa da Associação. 143
- Autor. Ministério Público como autor. 124

C

- Capacidade postulatória. Legitimidade de parte, capacidade de ser parte, capacidade de estar em juízo e capacidade postulatória. 45

- *Citizen Action* norte-Americana. 70
- *Class Action* norte-americana. 65
- Coletividade. Direitos coletivos *stricto sensu*. 27
- Comunidade indígena. Legitimidade ativa de outros entes: partidos políticos, sindicatos e comunidades indígenas. 146
- Concepção clássica ou tradicional. 35
- Concepção de relação jurídica mais adequada às demandas coletivas. 39
- Concepções de relação jurídica. 35
- Conclusões. 189

D

- Desistência. Ministério Público em caso de abandono ou desistência. 132
- Demanda coletiva. Concepção de relação jurídica mais adequada às demandas coletivas. 39
- Difuso. Direitos difusos. 25
- Direito coletivo. Experiência estrangeira na defesa do direito coletivo. 65
- Direitos coletivos *stricto sensu*. 27
- Direitos difusos. 25
- Direitos individuais homogêneos. 30
- Direitos metaindividuais. 21

E

- Entidade de classe. Legitimidade ativa. 176
- Estados Unidos. *Citizen Action* norte-Americana. 70
- Estados Unidos. *Class Action* norte-americana. 65
- Estrangeiro. Legitimidade ativa do estrangeiro. 99
- Evolução da ação civil pública na legislação brasileira. 111
- Evolução da ação popular na legislação brasileira. 79
- Evolução do mandado de segurança coletivo na legislação brasileira. 155
- Experiência estrangeira na defesa do direito coletivo. 65

F

- Figura. Lista de figuras. 17
- Fiscal da lei. Ministério Público como fiscal da lei. 129

I

- Individual homogêneo. Direitos individuais homogêneos. 30
- Introdução. 19

L

- Legislação brasileira. Evolução da ação civil pública na legislação brasileira. 111
- Legislação brasileira. Evolução do mandado de segurança coletivo na legislação brasileira. 155
- Legitimidade. 43
- Legitimidade ativa da Associação. 143
- Legitimidade ativa da pessoa jurídica. 101
- Legitimidade ativa das associações. 178
- Legitimidade ativa das entidades de classes. 176
- Legitimidade ativa das organizações sindicais. 170
- Legitimidade ativa de outros entes: partidos políticos, sindicatos e comunidades indígenas. 146
- Legitimidade ativa do Ministério Público. 183
- Legitimidade ativa do analfabeto. 98
- Legitimidade ativa do estrangeiro. 99
- Legitimidade ativa do maior de 16 (dezesseis) anos e menor de 18 (dezoito) anos. 90
- Legitimidade ativa do mandado de segurança coletivo. 160
- Legitimidade ativa dos entes da Administração Pública *lato sensu*. ... 139
- Legitimidade ativa dos partidos políticos. 163
- Legitimidade ativa na ação civil pública. 114

- Legitimidade ativa na ação popular... 84
- Legitimidade de parte, capacidade de ser parte, capacidade de estar em juízo e capacidade postulatória.. 45
- Legitimidade nas ações coletivas. 52
- Lista de figuras. 17
- Litisconsórcio. Ministério Público estadual e federal: litisconsórcio. 133

M

- Maioridade. Legitimidade ativa do maior de 16 (dezesseis) anos e menor de 18 (dezoito) anos. 90
- Mandado de segurança coletivo. 151
- Mandado de segurança coletivo. Evolução na legislação brasileira. 155
- Mandado de segurança coletivo. Legitimidade ativa. 160
- Menoridade. Legitimidade ativa do maior de 16 (dezesseis) anos e menor de 18 (dezoito) anos. 90
- Metaindividual. Direitos metaindividuais. 21
- Ministério Público. 121
- Ministério Público. Legitimidade ativa. 183
- Ministério Público como autor. 124
- Ministério Público como fiscal da lei. 129
- Ministério Público em caso de abandono ou desistência.............................. 132
- Ministério Público estadual e federal: litisconsórcio.................................... 133

O

- Organização sindical. Legitimidade ativa. 170

P

- Parte. Legitimidade de parte, capacidade de ser parte, capacidade de estar em juízo e capacidade postulatória.. 45
- Partido político. Legitimidade ativa. 163

- Partido político. Legitimidade ativa de outros entes: partidos políticos, sindicatos e comunidades indígenas. 146
- Pessoa jurídica. Legitimidade ativa da pessoa jurídica. 101
- Portugal. Ação popular portuguesa. 71

R

- Referências. 195
- Relação jurídica. Concepção de relação jurídica mais adequada às demandas coletivas. 39
- Relação jurídica. Concepção normativista. 37
- Relação jurídica. Concepções de relação jurídica. 35

S

- Sindicato. Legitimidade ativa das organizações sindicais. 170
- Sindicato. Legitimidade ativa de outros entes: partidos políticos, sindicatos e comunidades indígenas. 146
- Sumário. 15

JURUÁ EDITORA

Esta obra foi impressa em oficinas próprias, utilizando um moderno sistema digital de impressão por demanda. Ela é fruto do trabalho das seguintes pessoas:

Professores revisores:
Adão Lenartovicz
Dagoberto Grohs Drechsel

Impressão:
Andrea L. Martins
Doreval Carvalho
Marcelo Schwb

Editoração:
Eliane Peçanha
Elisabeth Padilha
Emanuelle Milek

Acabamento:
Afonso P. T. Neto
Anderson A. Marques
Bibiane A. Rodrigues
Luciana de Melo
Luzia Gomes Pereira
Maria José V. Rocha
Nádia Sabatovski
Sueli de Oliveira
Willian A. Rodrigues

Índices:
Emilio Sabatovski
Iara P. Fontoura
Tânia Saiki

"Uma idéia sem execução é um sonho."
Duque de Saint-Simon